SPA

DELETE

Este libro
pertenece a

_____

...una mujer conforme
al corazón de Dios.

MARÍA

Cultiva un corazón humilde

Elizabeth George

PORTAVOZ

La misión de *Editorial Portavoz* consiste en proporcionar productos de calidad —con integridad y excelencia—, desde una perspectiva bíblica y confiable, que animen a las personas a conocer y servir a Jesucristo.

Agradecimientos

Como siempre, agradezco a mi amado
esposo
Jim George, M.Div., Th.M., por su apoyo
acertado, su guía y sugerencias, y por
alentarme
con amor en la realización de este proyecto.

Título del original: *Nurturing a Heart of Humility* © 2002 por Elizabeth George y publicado por Harvest House Publishers, Eugene, Oregon 97402. Traducido con permiso.

Edición en castellano: *María: Cultiva un corazón humilde.* © 2009 Elizabeth George y publicado por Editorial Portavoz, filial de Kregel Publications, Grand Rapids, Michigan 49501. Todos los derechos reservados.

Traducción: Nohra Bernal

A menos que se indique lo contrario, todas las citas bíblicas han sido tomadas de la versión Reina-Valera 1960, © Sociedades Bíblicas Unidas. Todos los derechos reservados.

EDITORIAL PORTAVOZ
P.O. Box 2607
Grand Rapids, Michigan 49501 USA

Visítenos en: www.portavoz.com

ISBN 978-0-8254-1257-8

1 2 3 4 5 / 13 12 11 10 09

Impreso en los Estados Unidos de América
Printed in the United States of America

Contenido

Prólogo

esde hace tiempo he buscado estudios bíblicos de uso diario que me permitan conocer mejor la Palabra de Dios. En esto me hallé entre dos extremos: estudios bíblicos que requerían poco tiempo pero superficiales, o estudios profundos que exigían más tiempo del que disponía. Descubrí que no era la única y que, como muchas mujeres, vivía muy ocupada pero deseosa de pasar tiempo provechoso en el estudio de la Palabra de Dios.

Por eso me emocionó tanto saber que Elizabeth George quisiera escribir una serie de estudios bíblicos para mujeres con lecciones profundas que solo requerían 15 o 20 minutos diarios. Después que ella completara su primer estudio sobre Filipenses estaba ansiosa por conocerlo. Aunque ya había estudiado Filipenses, por primera vez entendí bien la organización del libro y su verdadera aplicación para mi vida. Cada lección era sencilla pero profunda, ¡y escrita especialmente para mí como mujer!

En la serie de estudios bíblicos de *Una mujer conforme al corazón de Dios®* Elizabeth nos guía en un recorrido por las Escrituras, y comunica la sabiduría que ha adquirido en más de 20 años como maestra bíblica para mujeres. Las lecciones abundan en contenidos muy valiosos, porque se fundamentan en la Palabra de Dios y son el fruto de la experiencia de Elizabeth. Su estilo de comunicación personal y afable hace sentir como si estuviera a tu lado estudiando contigo, como si en persona te orientara en la mayor aspiración que pudieras tener en la vida: ser una mujer conforme al corazón de Dios.

Si buscas estudios bíblicos que pueden ayudarte a cimentar tu conocimiento de la Palabra de Dios en medio de tantas ocupaciones, estoy segura de que esta serie será una grata compañía en tu andar diario con Dios.

—LaRae Weikert
Directora Editorial,
Publicaciones Harvest House

Preámbulo

En mi libro *Una mujer conforme al corazón de Dios®* hablo de esta clase de mujer como alguien que tiene el cuidado de poner a Dios en el trono de su corazón y como su máxima prioridad en la vida. También mencioné que una forma de lograrlo sin falta es alimentar un corazón anclado en la Palabra de Dios. Esto supone que desarrollemos unas raíces profundas en las Escrituras.

Antes de emprender nuestro estudio bíblico, dedica un momento a pensar en los siguientes aspectos concernientes a las raíces y al estudio diario y constante de la Palabra de Dios:

- *Las raíces no están a la vista.* Será necesario que apartes tiempo a solas, "en lo secreto", si deseas sumergirte en la Palabra de Dios y crecer en Él.

- *La función de las raíces es absorber nutrientes.* A solas, y con tu Biblia en mano, podrás alimentarte de las verdades de la Palabra de Dios y asegurar tu crecimiento espiritual.

- *Las raíces sirven para almacenar.* A medida que adquieres el hábito de escudriñar la Palabra de Dios, descubrirás que acumulas una inmensa y profunda reserva de esperanza divina y fortaleza para los tiempos difíciles.

- *Las raíces sirven de sostén.* ¿Quieres permanecer firme en el Señor y en medio de las presiones de la vida? El cuidado diario de tus raíces espirituales mediante el estudio de la Palabra de Dios te convertirá en una mujer extraordinaria y firme.[1]

Me alegra que hayas escogido este volumen de mi serie de estudios bíblicos de *Una mujer conforme al corazón de Dios®.* Mi oración es que las verdades que encuentres en la Palabra de Dios a través de este estudio te acerquen más a la semejanza de su amado Hijo y te faculten para ser la mujer que anhelas: una mujer conforme al corazón de Dios.

En su amor,

Lección 1

Acabar la obra maestra

¿*Acabar?* Cuando miras este título y consideras que este es en realidad el *comienzo* de nuestro estudio sobre la hermosa vida de María, la madre de nuestro Señor, podrías preguntarte por qué empezamos con tal afirmación.

Como veremos, toda obra maestra acabada, aun la gran Obra Maestra de Dios, se pinta por etapas. Recuerdo bien el privilegio que tuve de visitar la casa y el estudio de la artista Sandy Lynam Clough. Sandy ocupa un lugar muy especial en mi corazón porque una de sus pinturas adorna la portada de mi libro *Ama a Dios con toda tu mente.*[2] De hecho, la imagen de la portada es tan expresiva que muchas mujeres me han dicho que ésta las anima a sentarse cómodamente en una silla, tomar una taza de té, y leer su Biblia… tal como invita la imagen del libro.

Bueno, mientras sacaba fotos del estudio de Sandy, noté que había una pintura inacabada en su caballete. El boceto y la composición eran claros, pero faltaban los detalles. Las imágenes de su pintura eran nebulosas y difusas, carentes de la claridad que pronto les daría la mano maestra.

Querida amiga estudiosa de la Palabra, cuando empezamos a considerar los sucesos relatados en los cuatro Evangelios del Nuevo Testamento y la vida de María, vemos cómo las imágenes distantes "pintadas" por los profetas del Antiguo Testamento empiezan a verse más claramente. Al acercarnos a examinar esos acontecimientos predichos, sentimos que la obra maestra de Dios, la que empezó a revelar a través de los libros y capítulos del Antiguo Testamento, aún no ha sido terminada. Pensamos en lo que parecerían ser promesas, propósitos y profecías incumplidas.

Sin embargo, cuando estudiamos en el Nuevo Testamento los Evangelios y la historia que relatan, empezamos a comprender los propósitos de Dios a través del cumplimiento de esas profecías en la vida del Hijo de María. Hacia el final de nuestro estudio, veremos la obra maestra de Dios en la persona del Mesías prometido, terminada y revelada. También veremos cómo la vida de una humilde jovencita judía quedó magistralmente retratada en el lienzo del relato neotestamentario.

Del corazón de la Palabra de Dios...

1. ¿Dónde comienza el relato de la vida de María? ¿Cuál es el mejor lugar para comenzar nuestro estudio? Lee Isaías 7:14 y transcríbelo aquí.

Ahora lee cómo el evangelista interpreta este pasaje del Antiguo Testamento en Mateo 1:21-23. Anota aquí tus comentarios.

2. Busca Miqueas 5:2 y escríbelo aquí.

Esta es otra profecía acerca del nacimiento de Jesucristo: que sería el "soberano de Israel" y nacería en Belén (Lc. 2:4-7).

3. Ahora lee Lucas 3:23-38. Que no te asuste la genealogía del linaje de María. Empieza por enumerar los nombres que ya conoces.

Es importante entender que la genealogía de Lucas 3 presenta el linaje *humano* de Jesús, el hijo del hombre, desde Adán hasta María (Elí es el padre de María, según el v. 23). Las personas del primer siglo pensaban que Jesús era el hijo de José. Lucas dejó claro que Jesús era en realidad el Hijo *de Dios*, y que María era su madre.

De tu corazón...

Al comenzar nuestro estudio, ten en cuenta que han transcurrido 400 años desde la conclusión de Malaquías, el último libro del Antiguo Testamento. Y en el registro bíblico han pasado más de 500 años en los que no ha ocurrido milagro alguno. Los eruditos bíblicos llaman a este período los "años de silencio". ¿Qué sucede cuando Dios guarda, o *pareciera* guardar silencio? ¿Cómo se comportó el pueblo de Dios durante esos años de silencio? ¿Qué pensaron?

Los personajes que conocerás en el pasaje citado a continuación (y en los próximos días y lecciones) nos dan las respuestas a estos interrogantes: fueron personas que sirvieron a Dios, nada más. No buscaban ninguna cosa más. En verdad, esperaban con gran ilusión al Mesías prometido. Sin embargo, se despertaron expectantes cada día de sus vidas y buscaron llevar una vida justa a los ojos de Dios. Se esforzaron por confiar y obedecer, caminar y someterse a la voluntad de Dios que ya había sido manifestada.

Ahora bien, ¿cómo vas a vivir *tú* mientras esperas en Dios para que acabe su obra maestra y su plan maestro para tu vida?

• *Vive expectante.* En todas las épocas, el pueblo de Dios debe vivir a la expectativa de la redención de Dios. ¿Qué esperaba Simeón en Lucas 2:25-26?

¿Y Ana en Lucas 2:38?

Y una pregunta adicional: ¿cómo vivieron estos santos mientras esperaban?

Simeón (Lc. 2:25)

Ana (Lc. 2:37)

• *Vive en obediencia.* Según Lucas 1:6, ¿cómo vivían Elisabet y Zacarías su espera en lo cotidiano?

¿Y María en Lucas 1:30 y 38?

¿Y José en Mateo 1:19?

¿En qué medida está tu obediencia a la altura de la de... Simeón?

...Ana?

...Elisabet y Zacarías?

...María y José?

• *Vive sabiamente.* Dios *nunca* está callado, y *siempre* está activo dirigiendo el curso de los acontecimientos en todo el mundo, a fin de llevar a cabo su perfecta voluntad en su tiempo perfecto. Él controla las corrientes variables de la historia. ¿De qué manera te consuela el Salmo 75:6-7 y te anima a vivir y a esperar sabiamente?

Cultiva un corazón humilde

Querida, también debemos vivir con *humildad*. Este estudio es acerca de María, una mujer conforme al corazón de Dios, y una mujer deseosa de hacer la voluntad de Dios para su vida (Hch. 13:23). Y las lecciones siguientes revelarán que María fue una mujer con un corazón humilde. Así pues, ¿cómo nos disponemos tú y yo a cultivar el mismo corazón humilde hacia Dios y hacia los demás? Eso descubriremos en el corazón de María a lo largo de estas páginas.

Lee tu Biblia con regularidad. La Biblia revela la voluntad de Dios para tu vida. Una vez que conoces cuál es su voluntad, entonces puedes obedecerla con una actitud humilde.

Ora con regularidad. La oración desarrolla un corazón y una actitud de humildad. También ayuda a alinear tu voluntad con la de Dios.

Adora con regularidad. Dios pide tu adoración, en privado y también en la congregación. Cuando adoras estás en actitud de sometimiento para estar en silencio delante de Dios y recibir de Él y de otros su enseñanza. Estos dos actos cultivan la humildad en tu corazón.

Sirve a otros con regularidad. ¿A quién debes servir? Sirve primero a tu familia, y después a todo aquel que se cruce en tu camino. El servicio es la manifestación externa de la humildad.

Y ahora, que Dios te bendiga ricamente en *tu* disposición a cultivar un corazón humilde, porque "la humildad es la virtud cristiana más preciosa, y su gracia suprema".[3]

Lección 2

Vivir en humildad

Lucas 1:5-25

¿Qué encierra un nombre? Bueno, para empezar, piensa en el nombre de la maravillosa mujer conforme al corazón de Dios que conocerás en esta lección: Elisabet… ¡por cierto que es mi nombre también! Siempre llevo en mi diario personal con cubierta de cuero un marcador de libro tejido, decorado y laminado que me obsequió una amiga muy querida. Dice: *Elisabet, consagrada a Dios.* También tiene dos versículos tejidos en la cinta: "Engrandece mi alma al Señor" (Lc. 1:46) y "De más estima es el buen nombre que las muchas riquezas" (Pr. 22:1).

Elisabet significa "Dios es mi juramento" y "adoradora de Dios".[4] Hoy conoceremos a una mujer que vivió a la altura del significado de su nombre. Esta humilde mujer fue elegida por Dios para jugar un papel determinante en la cuenta regresiva que antecedió la llegada del Salvador.

Del corazón de la Palabra de Dios...

A medida que avanzas en tu estudio de estos versículos de Lucas 1, ten presente estas tres cosas: *primero*, que un tema del evangelio de Lucas es que nada es imposible para Dios (Lc. 1:37), *segundo*, que la voluntad de Dios es siempre perfecta, y *tercero*, que su tiempo también lo es (Lc. 1:20).

1. Lucas 1:5-7. ¿Qué pareja de esposos aparece en el versículo 5 y qué dice de cada uno?

—

—

¿Cómo se describe esta pareja piadosa en el versículo 6?

¿Qué triste noticia aparece en el versículo 7?

2. Lucas 1:8-22. Con respecto a Zacarías, ¿qué milagro ocurrió en su vida en el versículo 11?

¿Qué información y qué instrucción recibió Zacarías (v. 13)?

En pocas palabras, ¿cómo se describe al niño que nacerá (vv. 14-17)?

¿Qué pregunta de incredulidad formuló Zacarías, y cuál fue la respuesta del ángel (vv. 18-20)?

¿Qué sucedió cuando Zacarías salió del templo (vv. 21-22)?

3. Lucas 1:23-25. Al final, ¿qué sucedió con...

...Zacarías?

...Elisabet?

De tu corazón...

• *Carácter.* Al parecer, la esterilidad era motivo de afrenta en la sociedad de la época de Zacarías y Elisabet (Lc. 1:25). A pesar de su dificultad personal y de su pena, ¿cómo se describe el carácter de esta pareja piadosa (v. 6)?

Y tú, querida lectora, ¿cómo sueles afrontar la dificultad, el desánimo y la desilusión? ¿Qué tan fiel eres en tu devoción a Dios en tiempos de adversidad? ¿Qué te enseña la firme devoción de Elisabet y Zacarías a lo largo de décadas de esperanzas truncadas?

• *Consagración.* Como hemos visto, *Elisabet* significa "consagrada", que a su vez significa "apartada para Dios". ¿Qué dijo el ángel Gabriel acerca de lo que habría de sobrellevar el hijo de Elisabet (v. 15)?

Esta es una referencia al *voto nazareo.* Juan sería nazareo, una persona separada por completo y consagrada al Señor (Nm. 6:2-8).

Sólo por curiosidad, observa los nombres de estos famosos hijos que también fueron nazareos, consagrados al Señor desde el vientre:

El hijo de la esposa de Manoa (Ju. 13:7-24)

El hijo de Ana (1 S. 1:11, 20)

Ahora escribe aquí 1 Pedro 1:15-16.

¿Te ves a ti misma como una persona consagrada a Dios, dedicada a Él para sus propósitos? ¿Alguien separado del mundo para el servicio a Dios? Te des cuenta o no, lo eres como creyente. ¿Qué debería cambiar en tu vida diaria en virtud de esta realidad?

- *Castigo.* Es indudable que Gabriel castigó a Zacarías por su incredulidad. ¿Cuál fue la consecuencia de su falta de fe (v. 20)?

Imagina que acaba de suceder el acontecimiento más emocionante de tu vida, ¡y que no puedes contarlo a nadie! ¿Qué tentaciones similares de incredulidad enfrentas? ¿Cómo deberías responder con una fe mayor?

- *Concepción.* ¿Cómo reaccionó Elisabet a su embarazo (v. 24)? ¿Qué dijo en su corazón (v. 25)?

Cultiva un corazón humilde

Que la vida es difícil, ¡es un hecho! "Dios no le pregunta al hombre si acepta o no la vida. Esa no es una elección. Tú *tienes que* aceptarla. Tu única elección es *cómo* lo haces".[5] Elisabet y Zacarías nos muestran el *cómo*: la respuesta apropiada, justa y humilde al desaliento, la desilusión y los sueños frustrados. ¿Qué podemos aprender de ellos? Tenemos que...

• Cultivar un corazón que ora (Lc. 1:13)

• Cultivar un corazón obediente (Lc. 1:6)

• Cultivar un corazón servicial (Lc. 1:8)

• Cultivar un corazón humilde.

Al fin Elisabet tuvo a su hijo, en el tiempo de Dios y para sus propósitos... ¡y de manera prodigiosa! Y cuando Dios la bendijo, ella respondió con humildad. Reconoció al Señor y lo bendijo. Elisabet dio gracias, gloria y reconocimiento al Señor.

Pero ¿qué habría sucedido si Elisabet y su esposo nunca hubieran recibido el hijo anhelado y por el que oraban? Quizás hubieran sido y llegado a ser la misma pareja de siempre: una pareja cuyos corazones estaban arraigados humildemente en oración, obediencia y servicio.

Querida, ¿podría decirse lo mismo de ti?

Lección 3

Hallar el favor de Dios

Lucas 1:26-33

a esencia de la verdadera humildad es la fe… confiar en Dios.

Hoy vamos a conocer a una joven muy especial que halló gracia ante Dios y que tiene mucho que enseñarnos acerca de la esencia de la humildad… es decir, de la fe. Su nombre es María. Y creo que hacia el final de esta lección te habrás dado cuenta de que, en lo que respecta a la fe y al favor de Dios:

- nada tienen que ver con la edad: María era tan solo una jovencita.

- nada tienen que ver con riquezas o posición: María no tenía ni lo uno ni lo otro.

- nada tienen que ver con género: María era una mujer, que en su época casi equivalía a un ser inservible.

No. La fe y el favor de Dios nada tienen que ver con condiciones externas. Antes bien, tienen todo que ver con la manera en que *respondemos* a ellas. No sabemos con certeza los detalles de cómo se formó la fe de María, pero sí vemos cómo actuó, y cómo halló gracia ante Dios. Ahora veamos quién era esta joven conforme al corazón de Dios, esta jovencita de gran fe.

Del corazón de la Palabra de Dios...

1. En nuestra lección anterior conocimos a Elisabet que, por un milagro, ahora espera dar a luz a Juan el Bautista. En esta lección el mismo ángel, Gabriel, visita a la prima de Elisabet. Anota los detalles de esta visita que aparecen en Lucas 1:26-27:

¿Quién está presente en esta escena?

¿Cómo se describe a María?

¿Cuándo ocurrió esta visita?

¿Dónde ocurrió esta visita?

2. ¿Cómo respondió María al ángel Gabriel (v. 29)?

3. ¿Cómo describió Gabriel la obra del futuro hijo de ella (vv. 32-33)?

¿Cuál sería su nombre (v. 31)?

De tu corazón...

• El ángel Gabriel habló a María acerca de cuál era su condición ante Dios. Anota lo que dijo el ángel en...

el versículo 28:

el versículo 30:

Según Hebreos 11:6, ¿quién es el que agrada a Dios y obtiene su favor? Copia aquí el versículo completo.

• Los eruditos bíblicos nos enseñan que, por lo general, una joven era dada en casamiento o se comprometía hacia los doce o doce años y medio.[6] Por tanto, lo más probable es que en el momento descrito en Lucas 1, María apenas entraba en la adolescencia. Aún así, su fe en Dios estaba bien establecida desde esa edad tan temprana.

Si tú eres madre, ¿qué haces para cultivar la fe de tus hijas e hijos? Entre los 12 y los 14 años, María ya había aprendido a confiar en Dios y en su Palabra. ¿Podría decirse lo mismo de tus hijos? ¿Por qué sí? ¿Por qué no?

¿Qué idea presenta 2 Timoteo 3:15 a una madre como tú que busca cultivar un corazón de fe en sus hijos?

• ¿Qué haces para cultivar *tu* fe? ¿Cuál es *tu* medida de fe para confiar en Dios y en su Palabra? Dedica unos minutos a recordar lo que sucedió la semana pasada. ¿De qué manera demostraste una gran fe... o no tan grande?

¿Qué nos enseñan estos pasajes acerca de la fe?

Romanos 10:17

Hebreos 11:1

¿Cómo empezarás a fortalecer tu fe esta semana?

Cultiva un corazón humilde

María demuestra la clase de fe que tú y yo, como mujeres conforme al corazón de Dios, debemos cultivar en nosotras mismas y en nuestros hijos. Ella nos muestra cómo Dios puede usar a cualquier mujer, sin importar su edad ni condición, si está dispuesta a amarlo, obedecerlo y confiar en Él.

Muchas mujeres se equivocan al pensar que no son alguien especial, que no son lo bastante buenas en áreas que el mundo considera indispensables, que necesitan más educación, mejor ropa, mejor experiencia académica y laboral, ser de mejor raza, entre muchas otras. Sin embargo, querida amiga, como nos enseña la sencilla vida de María, si tú amas a Dios, si lo buscas de todo corazón y si lo obedeces porque lo amas, tú, al igual que ella, gozarás de su favor.

¿Quieres hacer cosas extraordinarias para Dios? Entonces empieza simplemente por amar y obedecer al Señor. El amor de María por el Señor la hizo apta para el servicio a Dios. Ella era pobre, joven, y desconocida, pero demostró una fe que fue agradable a los ojos de Dios, y por eso obtuvo el favor divino.

Lección 4

Someterse de corazón

Lucas 1:34-38

¿Qué ha pasado con la verdadera humildad? ¿Por qué es tan escasa? Escucha lo que alguien escribió:

> En nuestra época en la que imperan las actitudes testarudas y altaneras, es muy raro encontrar un espíritu humilde. En lugar de la cabeza inclinada, encontramos el puño apretado. Ahora la insolencia y la mirada hosca señorean en la escena donde alguna vez fue protagonista la piedad discreta del "pobre de espíritu".[7]

25

Estas son palabras que nos hacen pensar, ¿no crees? Y también son aterradoras. Sin embargo, en María encontramos un ejemplo de verdadera humildad. Ahora aprendamos de ella acerca de cultivar un corazón humilde.

Del corazón de la Palabra de Dios...

1. Lee de nuevo Lucas 1:26-33. ¿Qué preguntó María al ángel Gabriel acerca de los acontecimientos que habrían de ocurrir, y por qué (v. 34)?

   ¿Cuál es la diferencia entre la pregunta de María en el versículo 34 y la de Zacarías (vv. 18-20)?

2. ¿Qué palabras usó el ángel para describir la concepción del bebé de María (v. 35)?

   ¿Cómo describió al bebé (v. 35)?

3. ¿Qué otro hecho prodigioso comunicó Gabriel a María (v. 36)?

   ¿Cuál fue la última declaración que hizo Gabriel a María (v. 37)?

4. Al final, ¿cómo demostró María un corazón humilde en su respuesta a Gabriel (v. 38)?

   ¿Cómo se refirió María a ella misma?

De tu corazón...

- *Situación.* Cuando comparamos la pregunta del "cómo" de Zacarías (v. 18) con la de María (v. 34), queda en evidencia que María creyó en la promesa a pesar de que no comprendía cómo se llevaría a cabo. En cambio, Zacarías no creyó la promesa y, en lugar de eso, pidió una señal.

¿Recuerdas un momento de tu vida en el que recibiste noticias espeluznantes y desconcertantes que revelaban la voluntad de Dios para tu vida? ¿Cómo lo manejaste, y cómo la fe de María en Dios te enseña mejor a someterte con humildad a su voluntad?

- *Declaración.* Anota de nuevo la declaración de María con la cual se describe a sí misma en el versículo 38.

Aquí María se describe como *doule*, una "esclava". La característica de una *doule* era su obediencia completa; era alguien que sólo podía hacer la voluntad de su amo. ¿Podrías decir lo mismo de ti? O, dicho de otra manera, ¿hay alguna razón que te impide afirmar lo mismo sobre ti en lo que respecta a la relación con tu Amo, el Señor Jesucristo? ¿Existe algún área en la que te resistes a obedecer? Y en ese caso, ¿qué harás hoy al respecto? ¿o esta semana?

- *Sumisión.* Escribe aquí la famosa declaración de María (v. 38) mediante la cual expresa su completa sumisión a la voluntad de Dios para su vida.

Con demasiada frecuencia luchamos con Dios y posponemos nuestra sumisión. Incluso en la vida de María, un raudal de emociones y respuestas humanas pudieron haberse cruzado por su mente. ¡Y con justa razón!

Inquietud: María no entendía (v. 34).

Temor: María estaba atribulada (v. 29-30).

Angustia: tal vez María pensaba en la condena a muerte por lapidación que recibían las mujeres solteras que eran halladas embarazadas (Lv. 20:10).

Preocupación: ¿cómo podría ella explicar esto a otros? ¿a su futuro esposo José?

Duda: María era una mujer virgen y soltera. ¿*Cómo* podía suceder esto que le anunciaban?

Con todo, y a pesar de que no tenía todas las respuestas, esta niña de gran fe, esta esclava y sierva del Señor, se sometió al final por voluntad propia y con un discreto heroísmo y humildad, a la misteriosa voluntad de Dios para su vida.

Ahora examina tu corazón: ¿qué tan dispuesta estás a someterte a la voluntad de Dios para tu vida? Sin duda este suele ser todo un proceso y un trámite. Pero, ¿podrías decirle a Dios al final: "Lo que sea, donde sea, cuando sea, al precio que sea"? Si no es así, ¿por qué? Responde con franqueza.

Cultiva un corazón humilde

Amada, la sumisión de María nacía de su corazón. Ella tenía un corazón humilde, el humilde corazón de una *doule*, y un corazón de fe pura. En esencia, lo que su corazón respondió a Dios fue: "Vivo para servirte. No deseo vida alguna aparte de ti. Haré todo lo que me pidas porque te pertenezco. Haré cualquier cosa que me pidas, en sumisión y sin cuestionar. Que se haga en mí conforme a tu Palabra".

Ahora bien, ¿puedes tú decir junto con María en discreta piedad, con la cabeza y el corazón inclinados, como un pobre en espíritu, "que se haga en mí conforme a tu Palabra"?

$\mathscr{L}$ección 5

Animar a otros

Lucas 1:39-45

$\mathscr{T}$i e encantará la feliz escena que encontramos en nuestro estudio de hoy acerca de la vida de María! ¡Esto sí que levanta el ánimo!

Cada mujer enfrenta problemas, dificultades y desafíos en su vida. Estamos ocupadas, cargadas, y llevamos además en nuestro corazón las cargas de nuestros seres queridos. Así es la vida de María y Elisabet, pues ninguna de ellas tuvo una vida fácil. Elisabet había vivido décadas de aflicción, y las que le esperaban a María estaban a punto de venir.

Sin embargo, en medio de los afanes y aflicciones de la vida diaria, podemos observar este brillante encuentro, esta escena llena del "Espíritu Santo", de admiración, de bendición mutua, de honra y regocijo, y de aliento, cuando dos mujeres humildes "preparan el almuerzo", por así decirlo.

Sigue leyendo y descubrirás el ministerio que puede tener lugar allá donde se reúnan dos mujeres de Dios.

Del corazón de la Palabra de Dios...

1. Lee de nuevo Lucas 1:24-25 para revisar los detalles de la situación de Elisabet. Resúmelos en una frase.

   Luego, vuelve a leer Lucas 1:34-38 para recordar los detalles de la situación de María. Resume los detalles en una frase.

2. Ahora lee Lucas 1:39-45 y observa los siguientes hechos:

   ¿Dónde tiene lugar la escena?

   ¿Cuándo tiene lugar la escena?

   ¿Quiénes están presentes y qué sabemos acerca de ellos (v. 36)?

3. ¿Qué experimentó Elisabet cuando llegó María embarazada a su casa (vv. 41 y 44)?

   ¿Cómo saludó Elisabet a María (v. 42)?

   ¿Cómo se refirió Elisabet a María (v. 43)?

   ¡Bendición tras bendición! ¿Cómo continúa Elisabet "bendiciendo" a María en el versículo 45?

De tu corazón...

• *Elisabet*: en ella encontramos un cuadro bíblico de una mujer de carácter. La Biblia nos muestra que Elisabet:

✔ Estaba llena del Espíritu Santo.

✔ Pronunció una gloriosa alabanza por inspiración del Espíritu Santo.

✔ Afirmó y ministró a la joven María.

Ahora, haz tu propia lista de las muchas evidencias de la humildad de Elisabet. Por ejemplo, ¿en qué se centra ella? ¿de quién habla?

¿De qué manera puedes seguir las pisadas de Elisabet en tus relaciones con otras creyentes?

No puedo evitar aquí intercalar estos pensamientos: Estas son las primeras palabras que oímos de Elisabet (aparte de las que quizás ella habló para sí en el versículo 25). En la vida y en el cuerpo de cada mujer había ocurrido un milagro. Y es probable que Elisabet aventajara en edad a su joven pariente María en unos 40 o 50 años. Aún así, Elisabet no tuvo dificultad en considerar el gozo de María como mayor al suyo propio. Sin problema, honró y bendijo a María. No tuvo reparos en humillarse ante María como "la madre del Señor".

El mundo aún está por ver lo que ocurriría si cada persona perdiera el deseo de tener la gloria. ¿No sería maravilloso si a nadie le importara quién tuviera el mérito de algo?[8]

• *Encuentro*: Revisa rápidamente los versículos 46-56. ¡Sí que eran humildes estas dos mujeres! Como veremos en las siguientes lecciones, ellas se bendijeron mutuamente cuando adoraron a Dios juntas y se regocijaron en su obra. Este es un verdadero intercambio "del bien" del Señor (Tit. 2:3) entre dos mujeres: una mayor y una joven. El suyo es un verdadero encuentro de ánimo y bendición mutuos.

Ahora lee Tito 2:3-5. En tu búsqueda de crecimiento en el Señor, ¿a qué cualidades debes aspirar según los versículos 3-4a?

¿Cómo ves dichas cualidades propias de las "ancianas" reflejadas en Elisabet y en su servicio a María?

• *Conclusión*: Dado que nuestro estudio es acerca de María y de su Hijo, vamos a despedirnos de esta noble, anciana y santa, Elisabet. Pero debes saber cómo concluyó su historia. Has de saber dos cosas:

—Su pequeño bebé tan especial nació (lee por favor los versículos 57-80, que fue todo un acontecimiento), y...

—Se convirtió en el precursor de Jesucristo, el Mesías (lee por favor los versículos 13-17 y 76-77). Hoy día llamamos al hijo de Elisabet "Juan el Bautista" (Mt. 3:1).

La vida de Elisabet fue de servicio humilde a Dios. ¿Qué nos enseñan estos pasajes acerca de la humildad?

Mateo 23:12

1 Pedro 5:5

1 Pedro 5:6

Ahora lee Lucas 1:6. ¿Cómo se manifiestan estas verdades acerca de la humildad en la vida de Elisabet?

Cultiva un corazón humilde

Amada, ¿cuál suele ser tu conversación cuando estás con otras creyentes? Hay muchas opciones ¿no es así? Podemos escoger hablar sobre trivialidades, basura, la última conversación de un programa de entrevistas, las noticias, los chismes, o nuestro tema predilecto: nosotras mismas. Si cultivamos un corazón humilde, nuestra "conversación" será muy diferente. ¿Por qué? Porque como mujeres humildes, conformes al corazón de Dios, pensaremos en otros, nos preocuparemos más por el prójimo. Buscaremos, como Elisabet, animar, honrar, bendecir y edificar a otros. Uno de los principios de mi vida se lo debo a algo que predicó mi esposo Jim en un sermón: *Traza como un objetivo en tu vida que cada vez que alguien se encuentre contigo, salga mejor de como vino.* Querida, ese objetivo nos ayuda en nuestro deseo de ser mujeres que animan a otros.

Lección 6

Engrandecer al Señor

a humildad es lo que yo llamo una virtud "confusa". Es deseable y admirable, pero también casi imposible de definir. Es difícil describir con exactitud lo que esta suave, celestial y etérea cualidad significa. Bueno, querida estudiante de la Palabra, prepárate hoy para aprender el significado de la humildad. Prepárate para contemplar un cuadro de verdadera humildad.

Me refiero a María y a la imagen que Dios dibuja de ella en el pasaje bíblico que tratamos hoy. Tú y yo podemos dar gracias a Dios de que Él haya preservado para siempre en su Palabra esta descripción de la humildad. Gracias a ello, tú y yo siempre podemos repasarla, inspirarnos cada vez que la leemos, y recordar una y otra vez el gran llamado de Dios para nuestra vida que es cultivar un corazón humilde.

Tal vez no exista una mujer más bendecida por Dios como la humilde María (1:28, 39, 42, 45). Dios la escogió para traer a su Hijo a este mundo, siendo apenas una adolescente y, por cierto, una joven conforme a su corazón. Aún así, a pesar de ser tan exaltada y bendecida por Dios, María inclinó humilde su cabeza, dobló sus rodillas y alabó al Señor quien guarda fielmente sus promesas y no se olvida de su pueblo. Veamos pues la escena.

Del corazón de la Palabra de Dios...

1. Vuelve a leer Lucas 1:39-45. ¿Quién habla en esta escena, y qué dice con respecto a María? Ahora, deléitate en la siguiente reflexión acerca de la humildad:

> *No* es gran cosa ser humilde cuando se es abatido. En cambio, ser humilde cuando se es exaltado es un logro excepcional.[9]

2. Lee ahora Lucas 1:46-56. ¿Cómo empieza María lo que se conoce como el "Magnificat" (v. 46)?

3. Observa la clave de la humildad de María en el versículo 47. ¿*A quién* magnificó María, y *cómo* se refirió a Él?

4. ¿*Por qué* engrandeció María al Señor (vv. 47-49)? Cerciórate de hacer una lista completa, sin olvidar nada.

De tu corazón...

Tres versículos, tres bendiciones. Vamos a "contarlas" ahora:

- *Bendición #1: Dios salvó a María* (v. 47). María reconoció abiertamente que ella era una pecadora, igual que toda la humanidad, y que necesitaba confiar en el Señor para obtener salvación eterna. ¿Qué nos enseñan estos versículos acerca de nuestra necesidad de un salvador?

Romanos 3:10

Romanos 3:23

Según las palabras de Jesucristo, el Hijo de María, ¿qué debemos hacer para ser salvos (Jn. 11:25-26)? Anota estos versículos. También deberías memorizarlos, para poder comunicarlos a otros.

Estimada amiga, ¿puedes tú también decir que eres salva? Por favor explica el porqué de tu respuesta, sea afirmativa o negativa.

• *Bendición #2: Dios "sonrió" a María* (v. 48). Dios "miró" a María. Él estaba atento a su vida, y la miró con un favor especial. Escribe algunas de las formas en las que Dios te ha "sonreído" y te ha mostrado su favor. Luego, sé generosa en expresar tu gratitud, como lo fue María.

• *Bendición #3: Dios colmó de bendiciones a María* (v. 49). Este versículo expresa con gran riqueza la gratitud personal que yace en el corazón de una mujer a quien Dios ha salvado. ¿Por qué no lo memorizas tú también?

Cultiva un corazón humilde

Al meditar en las muchas lecciones para nuestro corazón que encierran estos pocos versículos, quisiera destacar dos en especial:

La Palabra de Dios en tu corazón: Los eruditos nos dicen que en el "Magnificat" de María podemos encontrar al menos 15 citas del Antiguo Testamento. Como ves, María conocía a Dios gracias a los libros de Moisés, los Salmos, y los escritos de los profetas. Ella tenía una profunda reverencia por el Señor Dios en su corazón, porque sabía lo que Él había hecho en la historia de su pueblo.[10] Jesús dijo que "de la abundancia del corazón habla la boca" (Mt. 12:34), y David escribió: "Sean gratos los dichos de mi boca y la meditación de mi corazón delante de ti" (Sal. 19:14). ¿Qué sale de tu corazón y de tu boca, amiga mía? ¿Atesoras la Palabra de Dios en tu corazón para que al abrir tu boca salga de la abundancia de su Palabra alabanza a borbotones como el "Magnificat" de María?

El Hijo de Dios en tu corazón: Mientras el orgullo humano dice: "¡No necesito nada ni a nadie!", la mayor muestra de humildad es reconocer: "¡Necesito un Salvador!"

¿Te preguntas por qué necesitas un Salvador? Considera todo que Jesús, el Cristo, el Salvador enviado por Dios, nos ofrece a ti y a mí. Él...

L–ogra darnos su vida sin pecado, a cambio de nuestra vida pecaminosa

I–mplanta en nosotros la seguridad de la vida eterna

B–atalla para sacar de nuestra vida el yugo de Satanás

E–ncomienda nuestra entrada a la familia de Dios

R–ompe el poder del pecado

A–pacigua nuestro ser con un Dios santo

Amada, ¿eres salva? Si lo eres ¡engrandece al Señor!

Lección 7

Aprender a orar

¿*H*as visto que alguien inicie una reunión de oración murmurando algo así como "Señor, queremos darte gracias por lo que eres y lo que has hecho"? Casi siempre la ferviente oración termina ahí, y nunca dice una palabra acerca de lo que Dios es o lo que ha hecho. Parece como si esa persona no conociese lo que Dios ha hecho, no pudiera pensar en lo que Él ha hecho, o no se tomara el tiempo de decir lo que Dios ha hecho.

Claro que tenemos lecciones que aprender hoy, de una jovencita de unos 14 años. Cuando leas estas humildes palabras que salen del corazón de María, disponte para que ella, junto con Ana del Antiguo Testamento, te muestren cómo orar y cómo engrandecer al Señor. Permite que estas mujeres conforme al corazón de Dios te enseñen quién es Dios y lo que ha hecho.

Del corazón de la Palabra de Dios...

Antes de volver a la vida de María, quiero que conozcas a otra mujer conforme al corazón de Dios, otra mujer con una "canción en su corazón", que también mostró un corazón humilde. Su nombre es Ana. Ana tenía una vida muy dura, pues compartía su marido con otra mujer que sí tenía hijos, y ella no. Y, por añadidura, la otra esposa no se cansaba de irritarla todos los días. Sin embargo, Ana manejó su doble crisis de la manera correcta: la puso delante del Señor en oración. ¿Y cuál fue el resultado? Que ella concibió un hijo, dio a luz a un varón. Y su hijo sirvió al Señor toda su vida. Ahora bien, ¿qué tiene que ver Ana con nuestro estudio sobre la vida de María? Es muy probable que en su viaje de cuatro días a casa de Elisabet en la montaña, María haya meditado sobre la famosa oración de Ana en el Antiguo Testamento.

1. Lee 1 Samuel 2:1-10. Ahora compara los siguientes versículos del "Magníficat" de María (Lc. 1:46-56) con los de la oración de Ana (1 S. 2:1-10)

Lucas 1:	1 Samuel 2:
46-47	1
49	2
51	4, 9, 10
52	8
53	5, 7

2. En nuestra lección anterior estudiamos los versículos 46-49, que fue la respuesta de María a *lo que Dios hizo por ella*. Escribe un breve resumen del contenido de estos cuatro versículos, y

en seguida miremos dos pasajes más del cántico de alabanza de María.

3. Versículos 50-53: *lo que Dios hace por el oprimido*. Aquí, las palabras de María incluyen a todo el pueblo de Dios. ¿Quién es el que recibe la misericordia y la ayuda de Dios (v. 50)?

¿Qué hace Dios por el indefenso (v. 51)?

¿Y por el humilde (v. 52)?

¿Y por el hambriento (v. 53)?

3. Versículos 54-55: *lo que Dios hará por Israel*. Anota lo que Dios prometió a Abraham y a Israel en...

Génesis 12:1-3

Génesis 17:19

Génesis 22:18

Génesis 26:4

Génesis 28:14

Salmo 98:1-3

Todas estas promesas aluden a la venida del Mesías, ¡una promesa que estaba a punto de volverse realidad!

De tu corazón...

* ¿Qué dice María acerca del carácter de Dios en su "Magnificat"? Te advierto que tu lista podría (y debería) ser extensa.

* ¿Qué aprendemos sobre el carácter de María tal como se revela en su cántico?

* ¿Qué aprendemos acerca de cultivar un corazón humilde a partir del ejemplo de María en este pasaje?

Cultiva un corazón humilde

Querida, el "Magnificat" de María abunda hasta rebosar de información acerca de Dios: quién es Él y lo que ha hecho. Un corazón humilde es un corazón que ora. Así que si estás buscando ayuda para mejorar tu vida de oración, o si apenas estás aprendiendo a orar, toma una página del libro de María. Usa sus palabras inspiradas por Dios para engrandecer al Señor.

ℒección 8

Manejar las crisis de la vida

𝒮in importar con cuánto cuidado tratemos de llevar nuestra vida, es seguro que enfrentaremos pruebas (Stg. 1:2) y tribulaciones (Jn. 16:33). Por desdicha, este par de adversidades son parte de la vida.

Dime entonces... ¿cómo acostumbras manejar las crisis de la vida? O quizás una pregunta más realista sea ¿cómo manejaste la última crisis de tu vida?

Tal como hemos estudiado, María estaba en medio de una gran crisis en su vida: estaba embarazada, lo cual era una vergüenza pública que se castigaba con lapidación (Lv. 20:10). Estaba comprometida con un hombre piadoso, que sin duda se ofendería y no desearía emparentar con ella. Cuando María parecía confiar calladamente en Dios, vemos cómo Dios usó a este hombre, José, para actuar a favor de ella. Desde primera fila podemos observar cómo José manejó su crisis y ayudó a María a manejar la suya.

Del corazón de la Palabra de Dios...

Lee Mateo 1:1-17. No te dejes abrumar por esta genealogía del linaje de José. Empieza por anotar los nombres que ya conoces. Ten presente que la genealogía de José le dio a Jesús el derecho legal al trono de David (v. 6).

1. Mira específicamente el versículo 6. Puesto que Jesucristo tenía origen *divino*, era el Hijo de Dios y no podía tener un padre humano. Por eso María aparece en la genealogía de José: aunque él era su esposo, Jesús nació *de ella*.

2. Ahora ¡alégrate! Un ángel se le apareció a José cinco veces. ¡Fue visitado cinco veces! ¿Qué promesa (Lc. 1:31-35) se cumplió en Mateo 1:18?

¿Qué hecho deja en claro la Palabra de Dios respecto a las relaciones sexuales entre José y María (v. 18)?

¿Cómo se describe a José en el versículo 19?

Y en lugar de someter a María al escarnio público, ¿qué decidió José hacer a cambio (v. 19)?

Cuando leas, recuerda que el período de compromiso o la promesa matrimonial era tan serio como el matrimonio. Por tanto, romper un compromiso (o, como lo dice el texto bíblico, "repudiarla") precisaba un divorcio legal (v. 19).

3. Pero, en vez de eso, ¿qué sucedió (v. 20)?

Anota la descripción que hace el ángel de la concepción, la vida y el ministerio de Jesús (vv. 20-23).

4. ¿Cómo respondió José a las instrucciones del ángel (v. 24)?

Revisa una vez más el hecho que aclara la Palabra de Dios respecto a las relaciones sexuales entre José y María (v. 25).

De tu corazón...

El presente estudio trata sobre María, una mujer conforme al corazón de Dios. Sin embargo, en José encontramos a un *hombre* conforme al corazón de Dios. De su corazón quedan al descubierto tres cualidades que definen de qué forma manejó él un momento crítico de su vida.

• *Justo.* José era un hombre justo, un hombre que deseaba manejar las situaciones y las crisis de su vida de la manera correcta, conforme a la voluntad de Dios. Cuando pensaba acerca de su situación (¡que era crítica!) respecto al embarazo de María, ¿qué consideró José que era la decisión correcta (v. 19) según el Antiguo Testamento (Dt. 24:1)?

*La adversidad revela mucho
de nuestro carácter espiritual.*

Según vemos en Mateo 1:19 ¿qué evidencia del carácter espiritual de José revela su decisión respecto a su compromiso con María?

Recuerda la última crisis que enfrentaste en tu propia vida. ¿Qué revelaron tus acciones acerca de tu carácter espiritual? ¿Seguiste la Palabra de Dios? Explica tu respuesta.

Ora en este momento y pídele a Dios que te ayude a ser la clase de persona cuyo deseo es actuar con justicia frente a los asuntos de la vida.

* *Respetuoso.* ¿De qué manera demostró José respeto por...

...las instrucciones del ángel (vv. 20-25)?

...la explicación del ángel (vv. 20-21)?

María acató con respeto las instrucciones de Dios, al igual que José. ¿Consideras que eres una persona que se somete a las instrucciones de Dios escritas en su Palabra? Aunque María no entendía todo lo que le ocurría, se sometió a la voluntad y a las instrucciones de Dios. Y lo mismo es cierto de José.

Responsable. Aunque José "temía" las posibles consecuencias (v. 20) y pudo sentirse ofendido o disgustado, respondió de inmediato al mensaje del ángel y asumió la responsabilidad por María y su Hijo. ¿Qué podemos aprender de su pronta y valiente obediencia?

Cultiva un corazón humilde

En realidad solo podemos conocer la profundidad de nuestro carácter cuando vemos nuestra forma de reaccionar bajo presión. Lo que parecía ser una crisis en la vida de María, y en la de José, era el cumplimiento de la voluntad de Dios para esta pareja. Y al pasar ambos la prueba de fe, nos enseñan con su ejemplo. Ambos se rindieron en humildad a la voluntad de Dios. Ambos manejaron la crisis de manera justa, respetuosa y responsable.

Querida, Dios tiene lecciones de humildad que desea enseñarnos en los momentos difíciles de nuestra vida. Descubrirás que su gracia es suficiente (1 Co. 12:9) cuando te sometas en humildad para buscar cómo manejar las crisis de la vida... *a su manera*.

Lección 9

Tener una visión global

Lucas 2:1-7

Sé bien que los historiadores bíblicos nos dicen que Jesús no nació el 25 de diciembre, y que las festividades de Navidad en diciembre tienen orígenes paganos. Aún así, esta época invernal es un tiempo propicio para rememorar el nacimiento de Cristo. Y ¿qué mujer no atesora recuerdos en su mente y en su corazón en torno a esta alegre temporada? Parece que en Navidad dedicamos especial atención a nuestra casa, a nuestra familia, y a los demás.

Y es indudable que nuestra conciencia espiritual aumenta dado que la temporada festiva se centra en el nacimiento del "pequeño Señor Jesús". En nuestra familia memorizamos "la historia de Navidad" tal como aparece en la Biblia. Luego, en la víspera de Navidad, nuestras hijas, de pie junto a la chimenea, recitaban la historia de memoria.

Es probable que tú también conozcas "la historia de Navidad". A muchos les encanta, y sus palabras son muy conocidas. Sin embargo, querida amiga, si no eres cuidadosa, podrías también perder "la visión global". Podrías pasar por alto la obra soberana de Dios manifestada en las vidas de eminentes oficiales del gobierno y de personas sencillas que en humildad obedecieron al Señor. Ahora repasemos con cuidado los hechos de esta historia tan querida.

Del corazón de la Palabra de Dios...

1. Antes de profundizar en hechos nuevos, ¿cómo terminó la visita de María a Elisabet en Lucas 1:56?

2. Ahora, lee Lucas 2:1-7. ¿Quién era el gobernante "en aquellos días", y cuál fue su decreto (v. 1)?

¿De qué manera afectaba esto al pueblo (v. 3)?

3. ¿Cómo afectó esto a María y a José (vv. 4-5)?

Describe el viaje de María y José (v. 4).

Describe también el estado físico de María (v. 5).

4. ¿Qué sucedió mientras María y José estaban en Belén (vv. 6-7)?

Describe los detalles del nacimiento de su bebé (v. 7).

De tu corazón...

• *El lugar.* ¿Qué predijo el profeta en Miqueas 5:2?

¿Cómo contribuye el decreto de Augusto César al cumplimiento de la profecía de Miqueas?

• *Las personas.* ¿Qué aprendes del carácter de José en estos versículos?

¿Qué lección de carácter te gustaría "extraer" de su ejemplo?

¿Qué aprendes además sobre el carácter de María en estos versículos?

¿Qué lección de carácter te gustaría "sacar" de su ejemplo?

• *Las autoridades.* ¿Qué nos enseña 1 Pedro 2:13-15 acerca de la obediencia al gobierno? Contesta, y luego medita en estas observaciones.

> *El* giro de la historia está, por supuesto, en que las mismas autoridades paganas fueron las responsables de traer a Jesús a Belén. César, sin saberlo, se convierte en siervo de los propósitos de Dios. La promesa se cumple por medio de las acciones de las personas más insólitas. Porque Dios es Señor de toda la tierra y no hay poder que no esté bajo su autoridad...[11]

¿Cómo confirma Proverbios 21:1 la anterior declaración de que "no hay poder que no esté bajo la autoridad de Dios"?

- *El plan*. ¿De qué manera la obediencia de María y de José al decreto oficial cabe dentro del plan de Dios sobre la venida de su Hijo y la redención de la humanidad (Lc. 2:6 y Mi. 5:2)?

¿Qué nos enseñan estos pasajes acerca de nuestra obediencia y la voluntad de Dios?

Salmo 37:23

Proverbios 16:9

Proverbios 20:24

- *El precio*. Es evidente que el viaje a Belén estuvo lleno de penurias para María y José. ¡Trata de imaginarlo: entre 112 y 128 kilómetros de caminos tortuosos, senderos rocosos y terrenos empinados en la montaña! ¡Imagina además estar al final de un embarazo! Y ahora imagina lo que es llegar… ¡y no tener un lugar dónde quedarse! Y una más: ¡imagina cómo sería dar a luz lejos de casa y de la familia, en una cueva o en un establo, un lugar lleno de animales *y* de los olores que despiden! ¿Cuántas molestias e inconvenientes estás dispuesta a soportar por ser un instrumento de Dios? Anota algunos detalles sobre la última vez que en verdad pagaste el precio por hacer lo correcto.

Cultiva un corazón humilde

Preciosa mujer conforme al corazón de Dios, en este pasaje Jesucristo nos enseña acerca de la verdadera humildad. Aquí podemos ver la sumisión de Jesucristo, Dios el Hijo, al estar dispuesto a nacer. ¡Piensa en ello!

Ahora bien, ¿qué sucede cuando tú y yo cultivamos un corazón humilde? ¿Qué pasa cuando en humildad nos sometemos a otros? ¿A un esposo? ¿A un gobierno? ¿A las autoridades? ¿Al mover y a la dirección de Dios en nuestra vida? La Palabra de Dios dice:

> *Encaminará a los humildes en la justicia,*
> *y enseñará a los mansos su carrera.*
> (Sal. 25:9)

Como María y José, dos "personitas" humildes, nosotras debemos vivir cada día por la fe y en humildad, confiados en que Dios está a cargo de "la visión global".

Lección 10

Responder al Salvador

Lucas 2:8-20

Además de los hermosos recuerdos familiares de las Navidades pasadas, los versículos de hoy me traen a la memoria el año en el que fui maestra de preescolar. Mi más preciado recuerdo de ese año fue el programa anual de Navidad. Aquellos pequeños habían trabajado todo el año memorizando la "historia de Navidad" de Lucas 2. En la noche del programa, y como solo pueden hacerlo pequeños de tres y cuatro años, recitaron con ternura las palabras de la Biblia que nos cuentan el anuncio de Dios de su más excelente regalo para el mundo. Y, por supuesto, cuando los pequeños terminaron, todos respondieron con estruendosos aplausos.

Ahora sigue leyendo, y mira cómo otros respondieron a la verdadera historia de Navidad que se desarrollaba.

Del corazón de la Palabra de Dios...

1. Lucas 2:8-14. ¿A quiénes encontramos primero en esta escena pastoral y qué hacen (v. 8)?

En la oscuridad de una noche cualquiera, ¿qué milagro extraordinario y deslumbrante ocurrió (v. 9)?

En pocas palabras, escribe cuál fue el mensaje entregado en…

el versículo 10:

el versículo 11:

el versículo 12:

> *Grande es el misterio de la piedad:*
> *Dios fue manifestado en carne.*
> (1 Ti. 3:16)

Y ¿cuál fue el acontecimiento en los versículos 13-14?

2. Lucas 2:15-20. ¿No crees que una escena tan prodigiosa exige una respuesta? ¿Qué hicieron después los testigos de tal maravilla (v. 15)?

¿Cómo fue premiada su respuesta (v. 16)?

¿Cómo respondieron a lo que vieron (vv. 17, 20)?

¿Cuál fue la respuesta de otros (v. 18)?

Y en cuanto a María, ¿cuál fue su respuesta a todo lo que oyó (v. 19)?

De tu corazón...

Esto es lo que parecen describir esas dos escenas: ¡revelación y respuestas!

• *Revelación*. ¿Cuáles son algunas de las profecías del anhelado Mesías que se cumplieron con la llegada del bebé Jesús?

Isaías 7:14

Isaías 9:6

Mateo 1:21

Lucas 1:35

• *Respuesta de los pastores*. Estos hombres pobres y sencillos, considerados impuros e indignos según la ley de Dios, fueron escogidos por Dios como los primeros oyentes del anuncio de la venida de su Hijo. Y sin duda, su respuesta constituye para nosotras un buen ejemplo a seguir.

✔ Recibieron el mensaje de Dios.
✔ Respondieron de inmediato en obediencia.
✔ Contaron a otros la noticia.

Evalúa tu respuesta a la Palabra y a la revelación de Dios. ¿Sueles responder...

...con obediencia instantánea, o con demora?

...contando a otros la verdad espiritual, o guardándola sólo para ti?

- *Respuesta de los ángeles.* Un coro de ángeles se unió al primer ángel que apareció solo, y entonaron un himno de alabanza. Decenas de miles de ángeles se reunieron para cantar gloria a Dios.[12] Así lo expresó un predicador:

> *C*uando Cristo nació, la penumbra de media noche quedó iluminada como la claridad del mediodía... el coro celestial descendió para cantar cuando el Rey del cielo descendió para salvar.[13]

- *La respuesta de tu corazón.* ¿Ya has respondido a las "nuevas de gran gozo" del Salvador? ¿Estás compartiendo las buenas nuevas con otros?

Cultiva un corazón humilde

¡Ahora veamos la respuesta de María! La Biblia dice que ella "guardaba" las palabras que los pastores comunicaron acerca de esta noche maravillosa y prodigiosa, "meditándolas en su corazón". Como ocurre con todas las cosas buenas, la historia del nacimiento del Salvador se hizo borrosa en la mente de los hombres con el paso de los años. María, sin embargo, no se olvidó. De hecho, el relato de Lucas se atribuye a los recuerdos de María. Hasta el final, la fe de María la sostuvo, y la última imagen que tenemos de ella es en el aposento alto con los 120 creyentes fieles... orando (Hch. 1:14).

Que la respuesta y la actitud de María sea también la tuya. Que en humildad, tú y yo sigamos "meditando" en las cosas de Dios y respondamos en adoración y asombro a la revelación de Jesucristo.

Ahora, dedica unos minutos y alaba a Dios por su indescriptible regalo, Jesucristo. "¡Aleluya! ¡Qué admirable Salvador!"

Lección 11

Cumplir la voluntad de Dios

Lucas 2:21-24

*D*ios nunca comete errores. Y es indudable que no fue un error escoger a la humilde María para ser la madre de su Hijo.

La responsabilidad de criar a Jesús, el Renuevo Justo de David, precisaba de unos padres piadosos que obedecieran la ley de Dios. Y, como nos muestran estos pocos versículos de Lucas 2, María y José cumplían claramente con este requisito.

Los cuatro versículos que integran nuestra lección de hoy hablan de los rituales establecidos para los bebés recién nacidos. Veamos cómo María y José, una pareja conforme al corazón de Dios, cumplió toda la voluntad de Dios tal como fue escrita en la ley del Señor.

Del corazón de la Palabra de Dios...

1. ¿Qué sucedió ocho días después del nacimiento del Hijo de María?

¿Qué nombre se le dio al bebé y por qué?

2. María y José fueron fieles al dar el siguiente paso de obediencia que requería la ley de Dios. ¿Cuál era ese paso (vv. 22-23)?

3. En ese tiempo, debía cumplirse con un requisito más de la ley. ¿Cuál era (v. 24)?

De tu corazón...

En estos pocos versículos se menciona tres veces la ley del Señor y su cumplimiento.

• Primero, Jesús fue circuncidado ocho días exactos después de su nacimiento, tal como lo exigía la ley de Dios. ¿Qué exige Levítico 12:3 a los padres judíos?

En esa ocasión también se le ponía nombre al niño. El que ordenó el ángel fue el nombre oficial que se le dio al bebé. ¿Qué demuestra esto de María y José?

• Segundo, la purificación de María después del parto se cumplió cuarenta días exactos después del nacimiento de su hijo varón. Anota brevemente los requisitos estipulados en la ley de Dios en Levítico 12:2-5.

¿Qué ordenaba después Levítico 12:6-8 a los nuevos padres?

Ya hemos visto que María era pobre. ¿Cuál era el sacrificio normal, y cómo evidencia también la ofrenda de dos palomas o tórtolas la pobreza de María y José?

• Tercero, María presentó a Jesús, su primogénito, al Señor. ¿En qué manera cumple esto con exactitud el requisito de la ley de Dios según Éxodo 13:2?

• Esta serie de estudios bíblicos lleva el lema de "una mujer conforme al corazón de Dios". ¿Cómo define Hechos 13:22 a un hombre o una mujer conforme al corazón de Dios?

Ahora, ¿qué nos muestran los cuatro versículos de nuestra lección de hoy acerca del carácter piadoso de María y José?

¿Qué actividades en tu vida revelan *tu* carácter piadoso, tu disposición a cumplir con toda la voluntad de Dios conforme a su Palabra? Querida, y si algo falta, ¿qué harás en este preciso momento para volver al camino recto de la obediencia humilde?

*D*ios usa lo que está roto: suelo quebrado y nubes rotas que produzcan grano, grano desmenuzado para producir pan, y éste partido para alimentar nuestro cuerpo. Él desea quebrantar nuestra obstinación y convertirla en humilde obediencia.[14]

• Escribe cuál es la definición bíblica de obediencia en los siguientes pasajes:

Juan 14:15

Juan 14:23-24

Juan 15:10

1 Juan 2:29

Al pensar en estas verdades, ¿qué aprendes acerca de la relación entre la obediencia a la Palabra de Dios y el amor por Jesucristo?

Cultiva un corazón humilde

En María vemos una clase de mujer en la que Dios se deleita: una mujer conforme al corazón de Dios, dispuesta a hacer toda su voluntad. Solo una mujer decidida a cultivar un corazón humilde podría alcanzar el tipo de obediencia que vemos en María en esta lección.

Es cierto que gracias al cumplimiento perfecto de la ley de Dios en Jesucristo vivimos en la era de la maravillosa gracia de Dios. Sin embargo, todavía es indispensable que seamos obedientes y comprometidas sin reservas a andar en humildad en los caminos del Señor. ¿Eres una mujer que sigue a Dios andando en sus caminos? Dedica ahora tiempo con el Señor y afirma tu deseo de ser como María: una mujer conforme al corazón de Dios, una mujer que cumple toda su voluntad.

Lección 12

Vivir en fe

Lucas 2:25-35

inguna de nosotras sabe con exactitud lo que depara el futuro. Sin embargo, Dios le permitió a María conocer parte de su porvenir.

Es cierto que María fue bendecida y favorecida en gran manera por Dios cuando la escogió como la madre de su Hijo. No obstante, como veremos hoy, este privilegio iba acompañado de una verdadera agonía. Su gozo se mezclaría con dolor: una espada atravesaría su alma.

Ahora veamos lo que predijo otra persona piadosa, el anciano Simeón, acerca del Hijo de María, y de ella también.

Del corazón de la Palabra de Dios...

1. Para refrescar tu memoria sobre los sucesos previos al pasaje bíblico de hoy, repasa los hechos relatados en Lucas 2:21-24.

2. *Siméon.* ¿Cómo lo describe el pasaje (Lc. 2:25)?

¿Qué había revelado Dios a Simeón (v. 26)?

Cuando estaba en el templo de Jerusalén, ¿quién vino también al templo y por qué (v. 27)?

3. *Jesús.* Al tomar al niño en sus brazos, el Espíritu Santo movió a Simeón a profetizar. Anota cómo describe Simeón al bebé en...

el versículo 30:

el versículo 31:

el versículo 32:

el versículo 34:

4. *María.* Cuando Simeón terminó su profecía acerca del niño, se volvió a María. Anota lo que dijo, en el versículo 35, acerca de:

...su bebé

...ella

De tu corazón...

Amada, ¡qué encuentro fue este! Cuatro personas piadosas y justas: Simeón (Lc. 1:25), María (Lc. 1:30), José (Mt. 1:19) y, por supuesto, el Señor Jesús siendo niño (Jer. 23:5), todos reunidos en el templo de Dios. ¡Imagina la escena!

* *Simeón.* ¿Qué podemos aprender de la vida de fe de Simeón que esperó con ansias al Mesías?

Anota lo que dicen estos versículos. Luego, resume lo que enseñan acerca de una vida de fe.

Juan 20:29

Hebreos 11:1

1 Pedro 1:8

1 Juan 3:2

Resumen

* *Jesús.* Observa de nuevo cómo Simeón describió a nuestro Salvador en los versículos 29-34. Él bendijo y alabó a Dios por el niño que era "el Consolador de Israel", el Mesías que consolaría a su pueblo (Is. 40:1). ¿Qué podemos aprender de la respuesta de alabanza de Simeón y sobre una vida que alaba a Dios?

* *María.* Aunque nunca sabremos por completo la profundidad o el grado de angustia que experimentó María, las palabras que escogió Simeón describen una escena espantosa. La palabra que usó para referirse a *espada* es la misma que aparece en el Antiguo Testamento pare referirse a la gigantesca espada de Goliat (1 S. 17:51). El sufrimiento que experimentaría ella cuando su Hijo fuera clavado a una cruz, sería equivalente al que inflige un arma enorme y cruel.

¿Qué dice Juan 19:25 acerca del cumplimiento de la profecía de Simeón?

Cultiva un corazón humilde

Humilde y fiel en su espera, Simeón (al igual que María y José) había aguardado el día en que el Señor consolara y confortara a su pueblo. Y en ese día glorioso que empezó como cualquier otro, Dios reveló a Siméon que, en efecto, él había visto con sus ojos al bebé Jesús, al Mesías, el Rey ungido de Dios. Por fin, con el bebé en sus brazos, que era el cumplimiento de la promesa, el corazón rebosante de Simeón irrumpió en humilde alabanza y reconocimiento de la absoluta soberanía de Dios. ¡Su vida de fe había sido recompensada! Luego prodigó a Dios bendiciones por el privilegio de ver al Mesías, y por su plan de redención para el mundo por medio de Jesucristo.

Y María, nuestra querida María… había venido en humilde obediencia para ofrecer el sacrificio de los pobres. Y ese mismo día, uno que empezó con gran gozo, Dios le reveló por medio de Simeón que le esperaba sufrimiento. María, al igual que su Hijo, Varón de dolores (Is. 53:3), experimentaría dolor.

Simeón había vivido en fe, en espera y oración, y por fin vio al Mesías. Ahora María debe vivir en fe al iniciar el camino doliente que llevaría a la cruz. Como dijimos al comienzo de la lección: nadie sabe lo que depara el futuro. Y aún así, sabemos que sea cual sea nuestro futuro, necesitamos vivir por la fe. Esa es la

Lección 13

Servir al Señor

oy conocemos a Ana, una mujer cuya vida pasó por momentos de oscuridad. Su amado esposo había fallecido apenas siete años después de estar casados. En los años intermedios, Ana, de 84 años de edad, había "alzado sus ojos a los montes" todos los días (Sal. 121:1), y había buscado ayuda y redención en el Señor. Luego, en un día especial, la Luz del mundo entró en el templo del Señor donde Ana servía a Dios con fervor. María llegó, con el anhelado Cristo niño en sus brazos, Aquel que disiparía las tinieblas del mundo. Ana estaba ahí, y su vida, y la tuya, nunca serían las mismas.

Del corazón de la Palabra de Dios...

En realidad, la Biblia no se refiere a Ana como una persona "justa". Sin embargo, creo que estarás de acuerdo en que ella también, como Simeón, María, y José, era alguien muy especial. Al igual que ellos, ella era una persona piadosa que, a pesar de la pobre condición espiritual de la nación de Israel en ese momento,

66

esencia de lo que significa ser una mujer conforme al corazó
de Dios.

¿Por qué no dedicas unos minutos a leer todo el capítulo 11 c
Hebreos? ¡Maravíllate al conocer a tantos que han vivido por la f

servía al Señor fielmente mientras aguardaba que Él liberara a su pueblo.

1. Examina primero el contexto de la historia de Ana, en Lucas 2:21-35.

2. Ahora que hemos conocido a Ana, ¿cuál es la extensa lista de hechos que encontramos en el versículo 36?

3. La descripción de la devoción de Ana continúa en el versículo 37. Anota aquí lo que falta de la lista de detalles sobre su vida:

4. ¿Qué sucedió en el versículo 38 y cómo respondió Ana?

De tu corazón...

- *Ana, la profetisa.* En la Biblia, a muy pocas mujeres Dios llama profetisas. Una profetisa era el equivalente femenino de un profeta, alguien que era inspirado por Dios para comunicar la voluntad de Él para su pueblo, y para revelar el futuro.[15] Escribe qué otras profetisas encontramos en:

Éxodo 15:20

Jueces 4:4-7

2 Reyes 22:14

Hechos 21:9

• *Ana, la viuda.* ¿Qué otro camino pudo tentar a Ana para llevar su vida solitaria, y cómo eligió vivirla?

¿De qué manera *la vida de servicio* de Ana constituye un buen ejemplo para nosotras como mujeres, cuando consideramos los días y las décadas por venir?

Busca 1 Timoteo 5:5. ¿Cómo ves que Ana "espera en Dios"? Y ¿de qué forma *la vida de confianza* de Ana constituye un buen ejemplo para ti?

• *Ana, la adoradora.* ¿Qué disciplinas espirituales observas en la vida piadosa de Ana?

¿Cuál es el ejemplo de piedad que nos deja?

¿De qué forma es ella modelo de la "anciana" piadosa que menciona Tito 2:3, dejando así otro buen ejemplo para nosotras?

• *Ana, la testigo.* La Biblia describe la fe como "la certeza de lo que se espera, la convicción de lo que no se ve" (He. 11:1). Sin duda la paciente fe de Ana fue recompensada. ¿Qué puedes aprender del ejemplo de Ana?

• *Ana, la que anima.* Puede que la vida de Ana haya sido triste y solitaria. No obstante, ella nos enseña una valiosa lección en lo que respecta a animar a otros. ¿Cómo crees que María, habiendo acabado de oír la profecía de Simeón (vuelve a leer por favor Lucas 2:35) acerca del bebé que tenía en sus brazos, pudo haberse animado con el júbilo de Ana?

¿Eres alguien que busca levantar, animar y restaurar a los que están decaídos? Mejor aún, anota tres cosas que puedes hacer para ser una mujer *más* alentadora.

*H*ablar a tiempo una palabra de fe viva en Dios a quienes están cansados es sin duda un arte divino.

Cultiva un corazón humilde

Como puedes ver, una vida de fe tiene muchas facetas. Todo lo que sabemos acerca de Ana constituye una escuela sobre la humildad. En Ana la viuda observamos una vida de esperanza constante, adoración, oración y servicio fieles. Querida, Ana nos muestra con toda claridad la combinación ganadora de cualidades que forman un corazón humilde.

Lección 14

Buscar al Señor

¿*Eres* una estudiante aficionada a poner pegatinas en el parachoques? Sí, ya sé que algunas son horribles, pero hay una que comunica un mensaje verdadero: "Los sabios aún le buscan". Nada podría resumir mejor el mensaje de la lección de hoy.

Del corazón de la Palabra de Dios...

1. Lee Mateo 2:1-6. Escribe qué personajes encontramos en el versículo 1.

Escribe también las ciudades mencionadas (v. 1).

¿Cuál fue la pregunta de los visitantes y por qué la hicieron (v. 2)?

¿Cómo reaccionó el rey Herodes cuando oyó su pregunta (v. 3-4)?

¿Qué respondieron los sacerdotes y escribas a Herodes (vv. 5-6)?

¿Qué profetizó Miqueas 5:2?

2. Lee Mateo 2:7-9. Después que Herodes hubiera reunido a los sabios, ¿qué hizo (vv. 7-8)?

¿Cómo respondieron los sabios a la petición de Herodes (v. 9)?

¿Cómo fueron guiados (vv. 9-10)?

3. Lee Mateo 2:11-12. Después de cumplir su misión, ¿qué hicieron los sabios (v. 11)?

¿Qué suceso emocionante y prodigioso ocurrió después (v. 12)?

¿Cuál fue la reacción de los sabios (v. 12)?

De tu corazón...

- *Los sabios.* Haz una lista de los rasgos nobles que observas en estos verdaderos buscadores del Señor. Luego, escribe lo que más te impresiona acerca de ellos y por qué.

Para tu información, estos hombres viajaron desde "Oriente", literalmente "desde la salida del sol",[16] un difícil trecho que tal vez cubría miles de kilómetros y requería varios meses de camino.

¿Qué mujer hizo un viaje parecido (lee 1 R. 10:1-13)?

- *Herodes*. ¿Qué título se atribuye a Herodes en Mateo 2:1, y a quién dijeron los sabios que buscaban (v. 2)? ¿Qué rasgos viles observas en Herodes?

- *Los sacerdotes y los escribas*. ¿Qué actitudes orgullosas observas en este grupo que conformaba la elite intelectual de la época? Luego escribe cómo esos rasgos constituyen para nosotros una advertencia en la actualidad.

Un sencillo comentario: Los líderes religiosos de Jerusalén sabían *dónde* habría de nacer el Mesías... pero no sabían *cuándo*. Por otro lado, los sabios de Oriente sabían *cuándo* pero no *dónde*. Tan pronto intercambiaron su información estos dos grupos de "sabios", por alguna razón los "sabios" de Jerusalén no viajaron los ocho kilómetros a Belén para presenciar el milagro de Dios hecho carne... mientras que los "sabios" de Oriente, con toda la información, concluyeron su búsqueda.

- *María y José*. Observa dónde viven ahora esta pareja y el "niño Rey" (v. 11). Después, lee el siguiente comentario acerca de su pequeño Hijo:

El gran alborotador

*C*uando Jesús nació en nuestro mundo, las personas reaccionaron sin espera. Su presencia, en vez de calmarlas o tranquilizarlas, más bien las asustó, y molestó. En algunas despertó anhelos espirituales, en otras, temor e inseguridad. Si es verdad que Dios vino al mundo cuando Jesús nació, sería un atrevimiento quedarnos ociosos desconociendo y justificando nuestra pasividad. Debemos reconocer que Jesús es el Rey legítimo de nuestra vida. Él no se quedó en el pesebre.[17]

• *La guía de Dios.* ¿Has notado los milagros que narran estos pocos versículos? Anótalos aquí y escribe en pocas palabras cómo Dios usó cada milagro para dirigir y proteger, aun el prodigio de los hechos revelados en su Palabra.

Cultiva un corazón humilde

En nuestra época donde tanto abundan los buscadores de sí mismos que labran su propio camino, que son independientes y seguros de sí, y que defienden sus derechos, es alentador encontrar un humilde grupo de buscadores de Dios. Fueran cuales fueran la riqueza y el estatus que poseyeran en su tierra estos sabios del Oriente, no dejaron de ser lo bastante humildes para seguir una estrella y buscar al "Rey de los judíos" que nació. Fueron lo bastante humildes para emprender un viaje largo y extenuante en busca de un Ser semejante. Fueron lo bastante humildes para cargar sus camellos con riquezas para ofrecer a un personaje así. Fueron lo bastante humildes para adorar a un niño Rey.

¿Eres una humilde buscadora de Dios? ¿Qué sacrificios haces para buscar al Señor, para encontrar la verdad?

Lección 15

Obedecer al Señor

La obediencia es el fruto de la fe.

*La obediencia a Dios
es la evidencia más infalible
del amor sincero y supremo hacia Él.*

¿Cómo describirías tu obediencia a la dirección de Dios en tu vida? ¿Estás pronta para seguir órdenes... o aclaras tu garganta, expresas tus dudas, cuestionas y te justificas para aplazar tu obediencia?

Veamos cómo la obediencia pronta de un hombre fue la clave para que Dios lo dirigiera y protegiera a él y a su familia.

Del corazón de la Palabra de Dios...

1. Antes de empezar la lección de hoy, lee de nuevo Mateo 2:1-12.

2. Ahora lee Mateo 2:13-15. Después que los sabios salieron de la casa de María, José y Jesús, ¿qué milagro ocurrió (v. 13)?

¿Qué mensaje recibió José y por qué (v. 13)?

¿Cómo respondió José (v. 14)?

¿Cuánto tiempo permanecieron José y su familia en Egipto y por qué (v. 15)?

3. Lee Mateo 2:16-18. Entretanto, Herodes tenía sus propios problemas. ¿Qué había sucedido y cómo respondió él (v. 16)?

¿Qué profecía se cumplió con lo que hizo Herodes, sin él saberlo (v. 17-18)?

4. Lee Mateo 2:19-23. Tras la muerte de Herodes, ¿qué milagro sucedió (v. 19)?

¿Cuál fue el mensaje (v. 20)?

¿Cómo respondió José (v. 21)?

¿Cómo decidió José a dónde llevar a su familia (v. 22-23)?

¿Qué profecía se cumplió con lo que hizo José, sin él saberlo (v. 23)?

De tu corazón...

• *Herodes*. Describe a este hombre y sus actos. Luego, resume tus ideas en una declaración.

Ahora toma nota de Jeremías 31:15, una profecía cumplida en estos once versículos.

Piensa en esto...

*A*un antes de que el pequeño bebé pudiera hablar, los poderes mundanos bajo el mando del mismo Satanás se movían en su contra. Herodes, un rey despiadado que había asesinado a tres de sus propios hijos para asegurar su trono, ahora temía perderlo, y lanzó un plan para matar al pequeño niño que había nacido "Rey de los judíos". En su locura, Herodes asesinó a niños inocentes, esperando que muriera aquel niño. Herodes manchó sus manos con sangre, pero no le hizo daño a Jesús. Nadie puede frustrar los planes de Dios.[18]

• *José*. Describe a este hombre y sus acciones. ¿Qué lecciones de humildad puedes aprender de él?

Ahora busca Oseas 11:1, otra profecía que se cumple en este pasaje.

- *María*. Describe la disposición de María a ser guiada por su esposo.

¿Qué lecciones de humildad y de sumisión puedes aprender de ella?

¿Qué habrías hecho tú?

- *Dios*. ¿De qué maneras observas que Dios obra, en y por medio de las personas, en este pasaje?

Cultiva un corazón humilde

Como ya hemos notado en este estudio bíblico, Hechos 13:22 define a un hombre o una mujer conformes al corazón de Dios como alguien que lleva a cabo su voluntad. Así, establece que la obediencia es la clave para ser una mujer conforme al corazón de Dios.

Nuestra obediencia es sinónimo de humildad. ¿Por qué? Porque tú y yo no podemos obedecer y no obedeceremos al Señor sin esta preciada flor de la humildad. Y eso, querida, hace que cobre la mayor importancia el hecho de cultivar un corazón humilde. Como ves, una mujer con un corazón humilde obedecerá con prontitud al Señor.

Quizá no percibas la importancia de la obediencia inmediata. Tal vez seas de aquellas que piensan: "Tengo la intención de hacerlo uno de estos días". Imagina lo que hubiera ocurrido si José hubiera pensado obedecer con un egoísmo y ligereza semejantes. Pero no fue así. José, el humilde carpintero, era un hombre conforme al corazón de Dios. Y José obedeció los mandatos de Dios al pie de la letra, de inmediato, y sin cuestionamientos. La obediencia de José, hablando en términos humanos, salvó al bebé Jesús, y así Él pudo llevar una vida sin pecado y morir no a manos de Herodes, sino conforme al plan perfecto de Dios.

Amada, ¿cuáles mandamientos del Señor necesitas obedecer hoy? ¡Por favor no esperes! ¡Hazlo ya!

Lección 16

Crecer en gracia

Lucas 2:39-40

$\mathscr{S}$i alguna vez has leído el libro de Filipenses, estoy segura de que también te habrán conmovido los versículos 6 y 7 del capítulo 2. Dicen así:

> "...el cual [Cristo Jesús], siendo en forma de Dios, no estimó el ser igual a Dios como cosa a que aferrarse, sino que se despojó a sí mismo, tomando forma de siervo, hecho semejante a los hombres".

Hoy que leemos este breve relato (apenas dos versículos) de la niñez de Jesús, verás que creció en una pequeña y humilde aldea, nada célebre, un lugar de oscuridad y descrédito. También verás cómo madura y crece en el humilde hogar de María y José, como cualquier niño, totalmente irreconocible como el Cristo.

Pero a medida que se hace mayor, verás a Jesús crecer en gracia y favor divino.

Del corazón de la Palabra de Dios...

Mientras echas un vistazo de cerca a una década tranquila de vida hogareña, recuerda que Lucas resumió los sucesos y prosiguió el relato. En Lucas 2 él omite la estadía de la familia de José en Belén, la visita de los sabios de Oriente, y la huida a Egipto.[19]

1. Lee Lucas 2:39-40. ¿Cómo empieza el versículo 39?

Ahora revisa Lucas 2:21-24 y anota cuáles fueron "todas" las "cosas" que José y María hicieron conforme a la ley.

2. Cuando todas estas cosas se cumplieron, ¿a dónde fue la pequeña familia (v. 39)?

3. Haz una lista de las hermosas frases del versículo 40 que describen los años siguientes de la vida de Jesús.

De tu corazón...

Todo el evangelio de Lucas, que era médico, presenta a Jesús en su humanidad, como Cristo, el Hombre. Aquí, Lucas describe el crecimiento y la madurez de Jesús en términos de desarrollo. Jesús tuvo una infancia normal (Is. 53:2a) y pasó de manera natural de bebé a niño pequeño, y a niño grande. Es evidente que nadie lo consideraba extraordinario o algo más que un simple niño. Las personas de su época seguramente no lo señalaban y decían "¡miren a Dios!"[20] Más bien, vieron cómo Jesús creció física y mentalmente.

Jesús creció físicamente: "crecía" se refiere al crecimiento físico.

Jesús crecía en sabiduría: "se llenaba de sabiduría" se refiere a su crecimiento intelectual.

Jesús crecía en gracia: "la gracia de Dios" sugiere que el favor divino estaba sobre Jesús de manera evidente y creciente.[21] Jesús gozaba del favor de Dios.

* Compara esta descripción del crecimiento y madurez de Jesús con la de su primo en Lucas 1:80. ¿Qué semejanzas y qué diferencias puedes observar?

* Si eres madre, o si trabajas con niños pequeños, ¿de qué manera te ayudan estos pasajes a determinar la importancia y el enfoque de tus esfuerzos?

  2 Timoteo 1:5

  2 Timoteo 3:15

* ¿Qué nos dice además 2 Pedro 3:18?

* Ahora examinemos tu propio crecimiento, tu propia salud y desarrollo plenos y equilibrados.

  Físico. Quizá tú ya has madurado en el aspecto físico y enfrentas ahora otro problema de crecimiento: "¡la batalla contra el engordamiento!" Escribe cuál es el reto que Dios plantea para ti en…

  1 Corintios 9:27

  1 Timoteo 4:8

Espiritual. Siendo Dios, Jesús sólo necesitaba crecer en sabiduría humana. En cambio, nosotras necesitamos crecer espiritual y mentalmente. Una conocida canción infantil nos ofrece varias claves acerca del crecimiento espiritual: "Lee tu Biblia, ora cada día, y crecerás, crecerás, y crecerás". ¿Cómo es tu vida en cuanto a estos dos requisitos básicos del crecimiento espiritual?

Mental. Muchos cristianos crecen en sabiduría leyendo a diario el capítulo de Proverbios que corresponde a la fecha del día. Anota aquí el día del mes: ___. Luego, lee el capítulo de Proverbios y marca aquí cuando termines: ___. Ahora, haz de esta práctica un hábito diario. ¡Sólo ocupa dos minutos al día!

Cultiva un corazón humilde

Y por último, *gracia*... maravillosa gracia. Como alguien comentó:

> La humildad es un saco en el cual Cristo pone las riquezas de su gracia. La única prueba infalible de nuestra santidad será la humildad que nos caracteriza ante Dios y los hombres. La humildad es la flor y la belleza de la santidad. La marca suprema de una santidad falsa es la falta de humildad.[22]

Preciada amiga, ¡que tú y yo podamos ser halladas creciendo en su gracia, y en el conocimiento de Él cuando cultivamos un corazón humilde!

Lección 17

Establecer prioridades

Lucas 2:41-50

Hace más de 25 años, Jim y yo afrontamos el reto de establecer algunas prioridades fundamentales en nuestra vida cristiana. Ambos aún recordamos con claridad el domingo en que nos sentamos a la mesa, pluma y papel en mano, mientras nuestras pequeñas dormían su siesta. Después de pedir a Dios en oración que nos guiara, pasamos toda la tarde estableciendo algunas prioridades para nuestra vida. Nuestro único deseo era, y aún es, poner a Dios y su Palabra en el centro de nuestra vida.

Hoy como pareja procuramos aún vivir conforme a esas prioridades basadas en los mandamientos de las Escrituras. Y, alabado sea Dios, el cuarto de siglo que ha transcurrido ha sido de crecimiento espiritual, desarrollo familiar (y expansión también, ¡con la llegada de cinco nietos!), y ministerio lleno de propósito. ¡Solo podemos agradecerlo a Él por su gracia maravillosa!

Y ahora, amada buscadora del corazón de Dios, examinemos con mucha atención la vida de dos personas que establecieron prioridades correctas y buscaron obedecer la Palabra de Dios.

Del corazón de la Palabra de Dios...

1. Lucas 2:41-42. Tal como vimos en nuestro estudio de María y José, aquí también los encontramos cumpliendo la adoración que ordenaba la ley de Moisés. ¿Qué hacen ellos en el versículo 41?

   Según el versículo 42, ¿qué edad tenía Jesús?

2. Lucas 2:43-45. Describe lo que sucedió cuando finalizó su tiempo en Jerusalén (v. 43).

   Describe además lo que sucedió en su viaje de regreso a casa (v. 44).

   ¿Qué hicieron al final María y José (v. 45)?

3. Lucas 2:46-50. ¡Por fin hallaron a Jesús! ¿Qué se supo que había hecho Jesús en los tres últimos días (v. 46)?

   ¿Cuál fue la respuesta de todos los que oyeron las intervenciones de Jesús (v. 47)?

   ¿Cuál fue la respuesta de los padres de Jesús cuando lo encontraron, y qué le dijo María (v. 48)?

   ¿Qué respondió Jesús a sus padres (v. 49)?

   ¿Cómo reaccionaron María y Jesús a la respuesta de Jesús (v. 50)?

De tu corazón...

* *Vida familiar.* ¿Qué idea nos da Lucas 1:39-42 acerca de la vida familiar de Jesús y de las prioridades de sus padres?

  ¿Podría decirse lo mismo de tu vida familiar? ¿Por qué sí, o por qué no? ¿Necesitas hacer algunos ajustes en tus prioridades?

* *Viaje.* Lee Éxodo 13:3-10. ¿Por qué este grupo de familiares y amigos emprendía tan fielmente ese viaje anual desde Nazaret hasta Jerusalén? ¿Qué revela esto acerca de sus prioridades y de su obediencia a la Palabra de Dios?

  ¿De qué manera tú (y tu familia) honran y obedecen los mandamientos de Dios acerca de la adoración?

* *Templo.* Aquí podemos ver al niño Jesús que interactúa con los maestros religiosos de la época. ¿Qué revela acerca de Jesús el interés que mostró en la conversación que tuvo lugar en el templo?

* *Anuncio.* ¡Por supuesto que los padres de Jesús se preocuparon! (¿no reaccionarías tú igual?) Sin embargo, Jesús veía la situación desde una óptica diferente a la de sus padres. ¿Cómo revela su famosa respuesta, que son las primeras palabras del Mesías registradas en los Evangelios (v. 49), su comprensión de las prioridades en su vida?

(Solo una observación: Los eruditos bíblicos nos enseñan que la respuesta de Jesús sobre "su Padre" demuestra que Jesús, incluso a la edad de 12 años, era profundamente consciente de la singular relación entre Él y su Padre en el cielo.[23])

Cultiva un corazón humilde

María y José formaban una pareja que cultivaron corazones humildes. ¿Cómo lo sabemos? Porque ellos establecieron prioridades justas para sus vidas desde el principio. Dios era el *primero* en sus vidas… y Dios era *todo* en sus vidas. Tanto María como José fueron piadosos siendo solteros, y luego llegaron a ser una pareja piadosa, y padres piadosos. La escena de hoy los muestra ocupados en vivir humildemente conforme a las justas prioridades y al enfoque que habían mantenido toda su vida.

Solo encontramos un pequeño vistazo a los 20 años siguientes de la vida de María. Pero al final, las prioridades que había establecido la sostuvieron, cuando quizá tuvo que afrontar la muerte de su esposo José, durante años de escarnio por los detalles cuestionables de la concepción y nacimiento de su Hijo, y en los últimos días que la llevaron a los pies de la cruz de Jesús (Jn. 19:25).

Ahora bien… ¿cuáles son las prioridades que guían *tu* vida? ¿Se basan en la obediencia a la Palabra de Dios y a sus mandamientos? ¿Necesitas pasar tiempo con el Señor y establecer o ajustar tus prioridades para que te permitan estar más preparada para obedecer los mandamientos de Dios como esta pareja piadosa?

> *Mas buscad primeramente el reino de Dios*
> *y su justicia,*
> *y todas estas cosas os serán añadidas.*
> Mateo 6:33

Lección 18

Vivir en casa

Estoy segura de que ya has oído la frase: "Tu hogar está donde está tu corazón". Es cierto que expresa un hermoso sentir. Sin embargo, tu hogar no está solo donde está *tu* corazón de ama de casa. El hogar es también el corazón, el centro, y el lugar donde tú y yo como mujeres conforme al corazón de Dios podemos influir sobre la vida de *otros* centrando nuestra vida hogareña en lo que vale la pena y posee valor eterno.

En la lección de hoy nos centraremos en el corazón y el hogar de María. Ambos constituyeron un lugar donde vivió el Hijo de Dios mientras se preparaba para su futuro ministerio.

Del corazón de la Palabra de Dios...

1. Vuelve a leer rápidamente Lucas 2:41-50. Después, anota lo más destacado de este pasaje de las Escrituras.

2. Ahora, lee Lucas 2:51. Escribe lo que aprendes acerca de...

...Jesús

...María

Al detenerte en Lucas 2:46-47, ¿qué hace tan sobresaliente el versículo 51?

Compara también la respuesta de María en el versículo 51 con la de Lucas 2:19. ¿Qué nos sugiere esta costumbre acerca de María?

3. Por último, lee Lucas 2:52. Para tu información, Lucas 2:39-52 contiene todo lo que sabemos acerca de la infancia de Jesús, de cuando fue niño, de los años en los que vivió en su casa. Compara el versículo 52 con el versículo 40. ¿Qué cuadro bosquejan del crecimiento y desarrollo de Jesús?

De tu corazón...

* *María, la mamá*. Cada mamá ha acumulado un museo de recuerdos en su corazón. El Evangelio de Lucas es, por decirlo de alguna manera, el álbum de fotos de María de los días en que Jesús vivió en casa. Lucas obtuvo la información para su relato de la vida de Cristo en su Evangelio, de los recuerdos de María. Y también fue...

* *María, el ama de casa*. Veamos la casa que María edificó (lee Pr. 14:1). Todo niño florece en un hogar piadoso, incluso Jesús, el Hijo de Dios. Sin duda el hogar de María estaba edificado en el amor y en principios bíblicos para educar a sus hijos. ¿Cuáles son algunos de estos principios que la Biblia ofrece a los padres?

Deuteronomio 6:6-7

Proverbios 1:8

Proverbios 6:20

Efesios 6:4

Entonces, ¿cómo creció Jesús? ¿qué clase de hogar le ofrecieron María y José? En resumen, fue una vida hogareña normal.

✔ María fue para Jesús una "mamá que se queda en casa", como se dice hoy día.

✔ José fue para Jesús un padre que trabajó como carpintero (vea Mt. 13:55). Esto significa que Jesús aprendió a ser carpintero (vea Mr. 6:3). Cabe señalar que Lucas 2:51 es la última referencia bíblica de José, lo cual indica que había muerto antes del comienzo del ministerio público de Jesús, a la edad aproximada de 30 años.

✔ Jesús se sujetó a sus padres terrenales… se sometió a la ley establecida por su Padre celestial. Escribe los requerimientos de la ley de Moisés en…

Éxodo 20:12

Deuteronomio 5:16

✔ Jesús tuvo al menos seis hermanos. ¿A cuáles de ellos encuentras en Mateo 13:55-56 y Marcos 6:3?

Ahora enfoquémonos en ti y en tu corazón… y en cómo es la vida en tu hogar.

- *Tú, la mamá*. ¿Tienes hijos? Si es así, ¿cuál es la tarea que Dios te ha encomendado y que se encuentra en Tito 2:4?

- *Tú, el ama de casa*. ¿Cuál es el mandato de Dios para ti en Tito 2:5?

- *Tu tarea*. En una hoja de papel, anota algunas metas que te propongas para tu vida hogareña. Exhíbelas en un lugar donde puedas verlas y evaluar tu progreso. Las siguientes son un ejemplo:

C–ondecora al Señor en tu hogar

A–própiate de tu rol como ama de casa

S–ustituye tu casa por un acogedor hogar

A–cumula recuerdos familiares que perduren

Cultiva un corazón humilde

Querida, el hogar es el mejor lugar donde nosotras, como mujeres conformes al corazón de Dios, podemos cultivar un corazón humilde. ¿Por qué? Porque en el hogar no somos "profesionales remuneradas". Somos madres y amas de casa dedicadas a obedecer los mandatos de Dios para nosotras en estas dos áreas vitales. El hogar es un lugar donde tú y yo ponemos en práctica la prioridad de Dios de servir a otros en humildad y constancia, aun a los pequeñitos, para asegurar que la vida en el hogar sea en verdad un...

Hogar, dulce hogar,
donde todos viven para el otro,
y todos viven para Dios.

Lección 19

Responder a Jesús

Juan 2:1-12

*T*oda mujer ha asistido o participado en una boda (¡tal vez mucho más de lo que haya deseado!) En mi caso, las bodas ocuparon dos años de mi vida, ya que mis dos hijas se casaron con un año de diferencia. Y *nunca* sabré todo lo que sucedió en la cocina de la iglesia, o tras bambalinas, mientras mis amigas "coordinaban" ambas bodas y celebraciones para que yo pudiera con toda tranquilidad y gentileza interactuar con nuestros queridos invitados. Quizá la lección de hoy traiga a tu mente algunas bodas, y algunas metidas de pata y errores que sucedieron en ellas y que con esfuerzo has tratado de olvidar.

Hoy somos testigos de una boda, un suceso común y corriente. Y, como era de esperar, surgió un problema. Por fortuna, Alguien estaba allí para traer la solución. De hecho, la solución fue tan asombrosa y gloriosa que exigía una respuesta de todos los presentes… y una respuesta tuya y mía.

Del corazón de la Palabra de Dios...

1. *Juan 2:1-3. El relato.* ¿Qué nos muestran los versículos 1 y 2 acerca del escenario de este acontecimiento?

¿Qué le comunicó María a Jesús (v. 3)?

2. *Juan 2:4. La respuesta.* Escribe aquí la respuesta de Jesús.

3. *Juan 2:5. La reacción.* ¿Cuál fue la humilde reacción de María ante la respuesta de Jesús?

4. *Juan 2:6-10. La revelación.* En tus propias palabras, describe cómo fue el proceso que condujo al milagro en...

...los versículos 6-7

...los versículos 8-10

5. *Juan 2:11-12. La razón y las repercusiones.* Según el versículo 11, ¿cuál fue el propósito de este primer milagro que hizo Jesús?

¿Qué efecto produjo el milagro en los discípulos de Jesús (v. 11)?

¿Cómo termina esta escena (v. 12)?

De tu corazón...

Ahora Jesús tiene unos 30 años (Lc. 3:23). Ya fue bautizado por Juan el Bautista y ha llamado a sus primeros discípulos a seguirle (Jn. 1:29-50). Recuerda también que José, el esposo de María, posiblemente ya había fallecido. Jesús cumplía una agenda divina, la agenda del Padre, y María tenía que adaptarse de nuevo a esa programación (Lc. 2:49). Examinemos las diversas reacciones frente a Jesús que encontramos en esta gloriosa escena:

* *María.* Frente al problema que surgió en la boda, María buscó ayuda en Jesús. Confió en que Él manejaría el problema. Amada, ¿cuál es tu mayor problema hoy? ¿De qué manera la respuesta de María a su problema te enseña a manejar el tuyo?

Una pequeña nota explicativa: la respuesta de Jesús a María no sugiere falta de respeto. Más bien, Jesús quería que su madre comprendiera que Él cumplía con una agenda establecida por Dios. Él haría lo que el Padre quisiera... y cuando el Padre lo quisiera.

¿Qué hizo entonces María (v. 5)?

* *Los sirvientes.* ¿Qué sucedió cuando los que servían obedecieron la orden de Jesús?

Jesús pudo haber hecho que las vasijas se llenaran milagrosamente, pero en su gracia permitió que aquellos siervos fueran partícipes de la obra de Dios. Al final, su obediencia les dio el privilegio exclusivo de vislumbrar el poder y la persona de Dios.

Al igual que aquellos siervos, nos convendría hacer "todo lo que [n]os dijere" el Señor (Jn. 2:5). Escribe lo que Dios te pide hacer hoy en lo que respecta a:

Tu crecimiento espiritual:

Tus relaciones familiares:

Tu hogar:

Tu ministerio:

Tu trabajo:

- *El maestresala.* ¿Cuál fue la respuesta del "maestro de ceremonias"? ¿A quién llama y le da el reconocimiento?

¿Alguna vez has hecho una buena obra que pasó inadvertida? ¿Alguna vez has hecho algo bueno… sólo para que alguien más reciba el mérito? ¿De qué manera un acontecimiento semejante permite que la humildad crezca en nuestro corazón?

> *El* hombre [o la mujer] humilde no siente celos ni envidia. Puede alabar a Dios cuando otros son favorecidos o bendecidos por Él. Puede tolerar oír elogios para los demás mientras a él o ella se le ignora, porque ha recibido el espíritu de Jesús, que no se agradó a sí mismo, y que no buscó su propia honra.[24]

- *Los hermanos*. Tal vez los hermanos de Jesús nunca se enteraran del milagro que sucedió en Caná. ¿Qué nos dice Juan 7:5 acerca de ellos?

- *Los discípulos*. Contrario a lo que hicieron sus hermanos, ¿cómo respondieron los discípulos a Jesús (v. 11)?

Tú. ¿Ha sido, tu respuesta ante Jesús, la misma que la de los discípulos? ¿O se parece más a la de sus propios hermanos? Por favor, explica tu respuesta.

Cultiva un corazón humilde

Querida hermana del alma, la humildad es como una flor inclinada. Observa bien el hermoso ramillete de humildad que se exhibió aquel día glorioso en Caná.

Jesús… en silencio llevó a cabo un milagro, del cual sólo unos pocos se enteraron, y se contentó con que alguien más recibiera el mérito y los elogios por su bondad.

María… en silencio y humildad aceptó el suave reproche y recordatorio de Jesús. También se contentó dejando que Jesús manejara la situación a su manera.

Los siervos… en silencio y humildad obedecieron a Jesús. Después de todo, Él no era para ellos más que el hijo de una mujer que ayudaba en una boda. Aún así, demostraron lo que significa ser un siervo y obedecieron sin rechistar.

¿Sigues el ejemplo humilde de Jesús, de María y de los siervos? ¿Respondes a Jesús como una mujer que cultiva un corazón humilde?

Pertenecer a la familia de Dios

Mateo 12:46-50; Marcos 3:31-35; Lucas 8:19-21

¿Gozas de la bendición de tener tu madre viva? Si es así, estoy segura de que a los ojos de tu madre, aún eres una niña; de hecho, es probable que ella todavía te trate como una niña. Parece que esto es característico de todas las madres, aún aquellas que están detrás de los grandes hombres.

Detrás de todo gran hombre está su madre

Señora Morse: "Sam, deja de golpear la mesa con los dedos. ¡Me pone los nervios de punta!"

Señora Lindbergh: "Charles, ¿no puedes hacer algo por ti mismo?"

Señora Washington: "George nunca ha tenido idea del dinero".

Señora Armstrong: "Neil no aprovechará sus lecciones de pilotaje. Siempre está en la Luna".[25]

Por supuesto que María no correspondía a esta categoría, y Jesús tampoco, pero sí tenía sus preocupaciones como madre.

Hoy vemos a Jesús, un hombre que cumple una misión; o, más bien, en *plena* misión. También vemos el sincero interés de María en el bienestar de su Hijo.

Del corazón de la Palabra de Dios...

1. Lee primero Marcos 3:20-21. Estos versículos definen el trasfondo para nuestra lección de hoy. Escribe lo que aprendes aquí sobre...

   ...la multitud

   ...el ministerio de Jesús

   ...los "suyos"

2. Ahora lee Mateo 12:46-50. Cuando termines, marca aquí: _____

3. Lee Marcos 3:31-35. ¿Cuál es el marco de esta escena, según los versículos 32 y 34?

   ¿Quiénes llegaron e interrumpieron la escena (vv. 31-32)?

   ¿Qué querían (v. 32)?

   ¿Qué respondió Jesús (v. 33-34)?

   ¿Cómo define sus "nuevas" relaciones familiares (v. 35)?

4. Por último, lee Lucas 8:19-21. ¿Aprendes algo nuevo de este pasaje?

De tu corazón...

- *Tu relación con Jesucristo.* Según Mateo 12:50 y Marcos 3:35, ¿cuál es el fundamento para tener una relación "de familia" con Jesús?

Según Lucas 8:21 ¿cuál es el fundamento para tener una relación "de familia" con Jesús?

Después de considerar estos criterios, ¿qué dirías acerca de tu relación con Jesús? ¿Qué revela esto acerca de tu actitud hacia la voluntad de Dios? Contesta con franqueza. Escribe también lo que debes mejorar para cumplir con los requisitos que Jesús estableció.

- *Tu relación con otros.* Muchos cristianos tienen familiares y amigos que no entienden su creencia y su fe en Jesucristo. Escribe de qué manera te ayuda la humildad en tus relaciones interpersonales según los siguientes pasajes:

Éxodo 20:12

Romanos 12:18

Colosenses 4:6

2 Timoteo 2:24

1 Pedro 3:1-2

Cultiva un corazón humilde

Las relaciones espirituales son tan estrechas como las parentales. De hecho, tu relación espiritual con Dios tiene prioridad sobre tus relaciones familiares y humanas. Entonces, ¿qué se requiere para pertenecer a la familia de Dios y ser un fiel seguidor de Cristo?

Cómo seguir a Jesús

El tipo de persona que puede tener una relación con Cristo es aquella que hace la voluntad del Padre. Es la clase de persona que oye, aprende, cree, y sigue. La obediencia es la clave para ser parte de la familia de Dios. El conocimiento no basta. Por ejemplo, aunque los líderes religiosos tenían conocimiento, no entendieron quién era Jesús. Tampoco es suficiente seguirlo, pues a pesar de que las multitudes lo hicieron, tampoco entendieron quién era Jesús. Los que creen son recibidos en una familia.[26]

¡Qué *lección* tan sublime! Es obvio que Jesús amó a su familia y a sus amigos con un amor perfecto. Y de la misma manera que Él los amó, también amó a sus seguidores. Esta sí es una *verdad* sublime: que tú y yo podamos tener una relación con Cristo y pertenecer a la familia de Dios.

Tal como dice una frase poética:

> Todo el que sirve a mi Padre como hijo fiel
> sin duda es parte de mi familia.[27]

*L*ección 21

Rechazar la verdad

Mateo 13:54-58; Marcos 6:3

¿*Q*ué pensamientos vienen a tu mente cuando oyes la palabra "familia"? ¿Son tus recuerdos agradables y felices... o no tan placenteros? La mayoría de los recuerdos familiares evocan dos clases de sucesos: la vida cotidiana de comidas y rutinas... y las festividades.

La historia de la lección de hoy, cuando Jesús visita a su pueblo natal, suscitó en mí muchos pensamientos sobre su familia. Discúlpame entonces que use la introducción de esta lección para hablar más acerca de María como madre de al menos otros seis hijos, además de Jesús. Hemos estudiado mucho sobre la visita del ángel Gabriel a María, el milagro de la concepción de Jesús, y la relación de María con su esposo José. Hasta ahora hemos aprendido bastante acerca de los primeros días como madre de Jesús: el nacimiento, las visitas de los pastores y de los sabios de Oriente, la huida a Egipto para salvar la vida de su Hijo. Incluso hemos echado un vistazo a lo que pudo ser la primera década de crianza del niño Jesús.

Sin embargo, las responsabilidades de María no terminaban con el cuidado de su Hijo Jesús porque tuvo más hijos. Su casa bullía, abarrotada de bebés, niños pequeños, y adolescentes. Quizá también hubo bodas, y hasta nietos.

Sé que este pasaje trata de algo mucho más serio que las experiencias de María criando hijos, pero me pareció una buena oportunidad para pensar en lo que fue la vida de María.

Ahora, vamos a la escena en cuestión.

Del corazón de la Palabra de Dios...

1. Primero lee Lucas 4:16-30. Este pasaje describe la *primera* visita de Jesús de regreso a la ciudad de Nazaret después de comenzar su ministerio. Describe en pocas palabras lo que sucedió.

2. Ahora lee Mateo 13:54-58. Esta es la *última* visita de Jesús a la ciudad de Nazaret. Sin duda, la relación de Jesús con los habitantes de Nazaret se había puesto más tensa. ¿Qué hizo Jesús que provocara esta tensión (v. 54)?

Cuando los aldeanos se burlaron y se asombraron ante las palabras y las obras de Jesús, ¿cómo "encontraron una explicación" y "racionalizaron" la conclusión obvia de que Jesús era Dios encarnado, el Mesías anhelado (vv. 55-56)?

Describe la lista que pasó el pueblo de...

...el padre de Jesús

...la madre de Jesús

...los hermanos de Jesús (nómbralos)

...las hermanas de Jesús

No olvides anotar la información adicional sobre Jesús que aparece en Marcos 6:3.

3. ¿Qué aprendemos sobre los hermanos de Jesús en Juan 7:5?

¿Qué aprendemos sobre los hermanos de Jesús en Hechos 1:13-14?

4. Escribe lo que aprendemos acerca de Santiago, el hermano de Jesús, en:

Gálatas 1:18-19

Santiago 1:1

Y acerca de su hermano Judas en Judas 1

5. Al final, ¿cuál fue la reacción de las personas ante Jesús (Mt. 13:57)?

¿Cuáles fueron las palabras finales de Jesús para los habitantes de Nazaret (v. 57)?

De tu corazón...

- Los habitantes de Nazaret estaban a punto de recibir una segunda oportunidad para creer. Por desdicha, volvieron a rechazar al Señor. ¿Por qué?

- Escribe cómo otros rechazaron y reaccionaron ante:

Jesús, en Mateo 27:18

Esteban, en Hechos 7:57-58

Pablo, en Hechos 13:44-45

Pablo, en Hechos 14:19

Pablo, en Hechos 16:23-24

- *Rechazar a Cristo.* Según los siguientes versículos, ¿qué tan importante es aceptar a Cristo y el mensaje de Cristo?

Juan 14:6

1 Juan 5:10

Ahora lee 1 Juan 5:11-12. Amada ¿tienes al Hijo... o no? ¿Tienes vida eterna... o no? ¡Recuerda que rechazar la verdad sobre Jesús significa rechazar la vida eterna y al Padre, y llamar a Dios mentiroso (1 Jn. 5:10)!

- *Rechazar instrucciones.* ¿Crees que hay *algún* mensaje de verdad o alguna instrucción que estás rechazando? Piénsalo. Después, medita en lo que dice:

Proverbios 1:7

Proverbios 12:15

Cultiva un corazón humilde

Ahora piensa en esto: las personas rechazaban el mensaje de Jesús por su condición humilde...

- porque era un simple carpintero

- porque no era más que el hijo de un carpintero

- porque provenía de una familia común

- porque solo era "uno de nosotros"

En pocas palabras, la familia de Jesús era una familia común y corriente. No eran educados, maestros, ni oficiales de la sinagoga. No eran profesionales ni adinerados.

Querida, esto obviamente es una descripción de María. Ella era una mujer normal, promedio, alguien como tú y como yo, o tal vez incluso alguien un poco *inferior* a ti y a mí en términos de oportunidades y educación.

Sí, María era una mujer como cualquier otra... cuya vida se centró en cumplir la voluntad de Dios para ella como esposa, madre, y ama de casa. Sin embargo, Dios obró a través de esta mujer común para llevar a cabo lo *extra*ordinario: traer a su Hijo a este mundo.

Y Dios obró a través de su Hijo, y parecía un hombre tan común que otros no se percataron de la verdad *extra*ordinaria de su vida: era Dios encarnado.

No cometas el mismo error de los contemporáneos de María y de los habitantes de la ciudad de Nazaret. No rechaces la verdad, sin importar cómo venga ni por medio de quién venga.

Lección 22

Prestar atención
a la Palabra de Dios

Uno de estos días tengo pensado (Dios mediante) hacer un estudio bíblico para ti y para mí, y para otras mujeres conforme al corazón de Dios, sobre el Evangelio de Lucas. ¿Por qué Lucas? Porque Lucas, más que los otros autores de los Evangelios, narra sucesos que revelan la ternura y el amor con el que Jesús trató a las mujeres. A través de los ojos y de la pluma de Lucas, también vemos cómo las mujeres reaccionaban ante Él.

Ahora prestemos atención a uno de esos sucesos que relata Lucas. Hoy conocemos a una mujer… que menciona a otra mujer (María)… y que recibe, de labios de Jesús, una verdad que abrió el camino a la bendición espiritual no solo para ella, sino también para nosotras.

Del corazón de la Palabra de Dios...

1. ¿Qué sucedió mientras Jesús estaba con un grupo de objetores
   y les respondía (v. 27)?

   ¿Qué se dijo (v. 27)?

2. ¿Cómo usó Jesús aquel incidente para enseñar una verdad im-
   portantísima (v. 28)?

   Según lo que dice Jesús, ¿quién es más dichoso que aquel que
   tiene un vínculo familiar con Él (v. 28)?

   De nuevo, ¿cuáles son los dos criterios que Jesús establece para
   gozar de una relación con Él (v. 28)?

   —

   —

De tu corazón...

- *Comparar.* ¿Te suenan conocidos esta lección y el mensaje de
  Jesús? Si es así, es porque ya hemos tratado esta verdad. Mira
  de nuevo Lucas 8:19-21. Al comparar los dos pasajes, ¿en qué
  se diferencia la enseñanza de Lucas 8 a la que citamos en esta
  lección?

¿En qué se parece?

En tus propias palabras, ¿cuál es el mensaje de Jesús?

- *Oír.* Jesús habló de oír la Palabra de Dios. Escribe al menos tres formas en que la Palabra de Dios está a tu *disposición* para oírla.

Ahora, en tu vida diaria, ¿cómo oyes de manera *activa* la Palabra de Dios? Y ¿qué harás para aumentar el tiempo que dedicas a oírla?

- *Hacer caso.* Jesús también habló de *guardar* la Palabra de Dios, de prestarle atención con un corazón obediente. ¿Qué dicen estos versículos acerca de oír *y* atender a la Palabra de Dios?

Santiago 1:22

1 Juan 2:3-4

1 Juan 2:28-29

¿Crees que hay algunos mandamientos y enseñanzas de las Escrituras que conoces y que en este momento no atiendes ni obedeces? ¿Qué harás para prestarles atención y obedecerlos de todo corazón… desde este preciso momento?

• *Entender.* Estos son algunos puntos que nos ayudarán a entender este pasaje de las Escrituras:

✔ Estas palabras de Jesús en Lucas 11 declaran que "oír la Palabra de Dios y guardarla representa mayor bendición que estar conectado con Cristo por los lazos de la sangre, y que ser la madre de Cristo según la carne no confiere un mayor honor y privilegio que creer y obedecer al evangelio".[28]

✔ Aquí Jesús señala una realidad espiritual que es mucho más importante para Él que un vínculo familiar. Todo el que quiera puede gozar de una relación con Cristo mucho más significativa que los lazos familiares... si obedece la Palabra de Dios. Como subrayó un maestro: "Este es un punto clave en el pensamiento y la enseñanza de Cristo".[29]

Cultiva un corazón humilde

Para terminar esta lección hagámonos esta pregunta: "¿Cómo puedo cultivar un corazón humilde?" La respuesta es obvia, ¿no es así? Cultivamos un corazón humilde cuando oímos y prestamos atención a la Palabra de Dios con humildad. Jesús dice con toda claridad que con humildad debemos inclinar nuestro corazón y nuestra alma a la verdad de su Palabra.

¿Quieres ser bendecida? ¿Quieres gozar de una relación espiritual profunda con Jesucristo? Entonces comprende, mi querida lectora y amiga, que oír y prestar atención es la respuesta que exigen las Escrituras. Tu actitud hacia la Palabra de Dios es de suprema importancia. Tu respuesta a las Escrituras abre el camino a la bendición.

Sí, María fue bendecida. Jesús nunca dijo que no lo fuera. Como relató Lucas, María fue favorecida por Dios (Lc. 1:28). Pero fue bendecida porque oyó y prestó atención a la Palabra de Dios, una costumbre que hemos observado en su vida a lo largo de este estudio. Y querida, tú y yo también somos bendecidas cuando demostramos que pertenecemos a Jesús al oír y estar atentas a su Palabra.

Lección 23

Seguir fielmente

¿Qué es fidelidad? Así se ha descrito: "Fidelidad habla de perseverancia, también de determinación, especialmente en medio del peligro y la calamidad. Describe el cumplimiento fiel de los deberes y la incansable devoción a las personas y los principios. Es el amor que todo lo soporta: dificultades, peligros, y diferencias".[30]

Querida, todos estos elementos están presentes en esta lección. Prepárate para ver lo que es la perserverancia en medio del peligro y la calamidad. Alístate para conocer a un círculo de mujeres, y a un hombre que cumplieron fielmente sus deberes con una infatigable devoción a un Hijo, a una Persona, a un Amigo, a nuestro Señor Jesucristo. Prepárate para algunas dificultades y peligros.

Del corazón de la Palabra de Dios...

1. Juan 19:25. ¿Dónde tiene lugar esta perturbadora escena?

¿Quién está presente?

2. Juan 19:26. ¿Quién más estaba "junto a la cruz"?

(El Evangelio de Juan revela que este discípulo era Juan, el autor del Evangelio que lleva su nombre y quien nos relata esta escena).

¿Qué dijo Jesús a María?

3. Juan 19:27. ¿Qué dijo Jesús a Juan?

¿Y cuál fue el resultado de las instrucciones de Jesús?

De tu corazón...

Dios en verdad nos presenta aquí un caleidoscopio de sucesos para contemplar, emociones para examinar y lecciones para aprender.

- *La cruz.* Nuestros corazones se conmueven profundamente al contemplar esta escena de la crucifixión de nuestro fiel Salvador. La cruz era un instrumento de muerte, pero ahora es el símbolo de vida para los que creemos en Jesucristo, Aquel que murió en una cruz por nuestros pecados. ¿Qué dice Romanos 5:8 acerca de la muerte de Cristo en la cruz?

- *Las mujeres.* A lo largo del ministerio de Jesús, un grupo de mujeres siguieron y cuidaron de Jesús con fidelidad. "Junto a la cruz" encontramos a algunas. Veamos dos de ellas.

Los eruditos dicen que la hermana de la madre de Jesús pudo ser Salomé, la esposa de Zebedeo. De manera breve, escribe lo que aprendemos acerca de ella en Mateo 4:21-22 y Mateo 20:21-22.

La mayoría de las mujeres conocen bien a María Magdalena. ¿Cuál era su relación con Jesús, según Lucas 8:2-3?

Solo una observación: María Magdalena es la única mujer presente en la cruz que se menciona en los cuatro relatos del evangelio.

- *El discípulo.* Según lo que sabemos, solo tres hombres estuvieron dispuestos a identificarse con Jesús al final: Juan, Nicodemo, y José de Arimatea (Jn. 19:38-42). ¿Dónde estaban los otros discípulos (Mt. 26:56)?

¿Qué dice Mateo 4:21-22 acerca de Juan?

¿Qué revela esta escena acerca del carácter de Juan? ¿Y de su fidelidad?

- *El Hijo.* Jesús fue el Salvador perfecto, y el Hijo perfecto. Alguien exclamó acerca de la consideración que manifestó a su madre en un momento de inmenso dolor: "¡Qué olvido de sí, qué amor filial, y qué palabras de despedida para la 'madre' y el 'hijo'!"[31]

¿Qué puedes hacer hoy para seguir los pasos de Jesús y demostrar tu amor a tu familia?

- *La madre.* María, la madre de Jesús, estuvo presente en el trágico suceso de la crucifixión de su Hijo. Hasta donde sabemos, ella fue la única persona que presenció tanto el nacimiento como la muerte de Jesús. Mira de nuevo Lucas 2:25-35. ¿Cuáles fueron las palabras proféticas que Simeón dirigió a María en el versículo 35?

¿Cómo ves en la escena presente el cumplimiento de la predicción de Simeón?

> ### Sufrimiento en la cruz
>
> En la cruz se ha quedado,
> la doliente madre que lo llora,
> cerca de Jesús hasta el final;
>
> con el corazón su pena entrega,
> toda su amarga angustia lleva,
> la espada entera su alma traspasó.[32]

Cultiva un corazón humilde

¡Acabamos de conocer a un impresionante grupo de fieles y humildes seguidores de Jesucristo! De hecho, ellos nada podían ganar y tenían todo que perder identificándose con Jesús hacia el final peligroso y tumultuoso de su vida. Pero aquellos que lo siguieron fielmente estuvieron con Él en los buenos tiempos, y en los peores… hasta el final. En vez de eludir la situación amenazadora, permanecieron en su lugar. Estos seguidores fueron fieles mucho antes de que se escribiera la célebre frase "su fiel seguidor seré, porque me guía con su mano".[33]

Querida, ¿eres tú fiel seguidora del Señor que se alimenta de su Palabra (como aprendimos en la lección anterior), tiene comunión con su pueblo, y atiende las necesidades de su familia?

Lección 24

Esperar en el Señor

Hechos 1:12-14

¡Aquí estamos! ¡Lo logramos! Llegamos al final de la vida de María conforme al relato bíblico. Lo que vemos en la lección de hoy acerca de María y nuestro "repaso" de sus comienzos, deja algo claro: María aceptó humildemente el favor de Dios y mantuvo una fe inquebrantable en las promesas de Dios. Ella representa lo que es una mujer de fe. Así se consideró a sí misma siendo una jovencita, y esta fue su actitud en los 33 años que siguieron: "He aquí la sierva del Señor" (Lc. 1:38).[34]

Del corazón de la Palabra de Dios...

Al despedirnos de María en el comienzo del libro de Hechos, la encontramos en compañía de un puñado de creyentes.

1. Lee primero Hechos 1:1-3, una breve descripción del ministerio de Jesús y de los 40 días en los que el Señor resucitado estuvo con los apóstoles. Fueron días consagrados a la instrucción sobre el reino de Dios.

2. Después, lee Hechos 1:4-8. ¿Qué instrucciones dio Jesús a los que creían en Él?

Permanecer (v. 4)

Esperar (vv. 4-5)

Recibir (v. 8)

Testificar (v. 8)

3. Ahora lee Hechos 1:9-11. Anota los detalles que aparecen en cada versículo y que describen:

La ascensión (v. 9)

La aparición (v. 10)

La promesa (v. 11)

4. Por último, lee Hechos 1:12-14. ¿Cómo siguieron los fieles creyentes las instrucciones de Jesús (v. 12)?

¿A dónde fueron después (v. 13)?

¿Qué hicieron (v. 14)?

¿Quién estaba presente con los once discípulos (v. 14)?

De tu corazón...

- *Testigos instruidos*. Jesús fue fiel en dar instrucciones específicas a sus fieles seguidores, entre ellos, a María. ¿Cómo respondieron ellos a sus instrucciones?

Ahora, ¿cómo sueles responder tú a...

...la instrucción de la Biblia?

...la enseñanza bíblica de otros?

¿De qué manera el hecho de seguir instrucciones demuestra un corazón humilde?

- *Testigos capacitados*. Como declaró una eminencia con respecto al versículo 2: "Esta referencia al Espíritu Santo parece la nota teológica por excelencia del libro de Hechos: la obra del Espíritu Santo".[35]

Escribe lo dicho acerca del Espíritu Santo en...

el versículo 5:

el versículo 8:

De forma breve, anota qué enseñanza había ya impartido Jesús a sus discípulos acerca del Espíritu Santo en:

Juan 14:16-17

Juan 14:26

Juan 15:26

Juan 16:8

Escribe otra enseñanza del Nuevo Testamento acerca del Espíritu Santo en:

1 Corintios 3:16

1 Corintios 6:19

¿Recuerdas alguna ocasión especial en la que el Espíritu Santo te capacitase para dar testimonio de Jesucristo?

• *Testigos que oran.* Los seguidores de Jesús oraron *mientras* esperaban. ¿Cómo acostumbras esperar? ¿Te afanas y resientes? ¿Te inquietas y preocupas? O quizá deba preguntar: *¿Esperas* en verdad, o te precipitas a hacer las cosas sin preparación, guía e instrucción? Dedica un minuto a pensar (y escribir) acerca de la actitud con que sueles afrontar los dilemas, la toma de decisiones y las tareas difíciles.

¿De qué forma la humilde obediencia de estas 120 personas (Hch. 1:15) te anima a orar antes de actuar?

Cultiva un corazón humilde

La mayoría estaría de acuerdo en que hay un halo más bien sentimental en torno a María, la madre de nuestro Señor Jesucristo. Y tampoco hay duda que ella fue muy favorecida por el Señor (Lc. 1:28-30). Pero al final, ¿dónde encontramos a María? ¿Sentada esperando que le hagan un retrato o una estatua? ¿Contando su historia por doquier? ¿Presidiendo? ¿Concediendo entrevistas? ¿Dictando su biografía? ¿Filmando una película?

No, hallamos a la humilde María orando. (Y ni siquiera lideraba la reunión de oración, sino que simplemente oraba junto a otros presentes). La encontramos esperando, tal como le había indicado su Hijo, esperando al Espíritu Santo.

> Listo y dispuesto, para obedecerte,
> en silencio, si es preciso, hágase tu voluntad;
> en total sumisión entrego todo,
> nada reservo, Señor, vive ahora en mí.[36]

Guardemos en nuestro corazón esta imagen de María en oración, esta imagen *real* de las Escrituras. Que podamos tomar en serio los múltiples ejemplos de servicio humilde de María. Que como mujeres conformes al corazón de Dios sigamos sus humildes pisadas en nuestro peregrinar como mujeres, esposas, madres, compañeras de sufrimiento, y siervas de la iglesia. Que esperemos en humildad las instrucciones del Señor todos y cada uno de nuestros días. Esto nos ayudará a cultivar un corazón humilde.

Lección 25

Servir en todo tiempo

Resumen

Ciertamente, ninguna mujer ha sido tan honrada como María, la madre de nuestro Señor Jesucristo. De hecho, millones de personas alrededor del mundo han llamado a sus hijas María. Por cierto, en el año 1975, al menos 5.031.000 mujeres solo en Norteamérica tenían el nombre de María o una de sus variaciones.[37]

Estoy segura de que estarás de acuerdo en que María fue una mujer conforme al corazón de Dios, una mujer que demostró el corazón de una verdadera sierva. Y, según alguna fuente, "como resultado, esta humilde niña campesina ha sido recordada y admirada por millones a lo largo de la historia".[38]

Recordemos ahora algunas etapas de la vida de servicio de María.

Del corazón de la Palabra de Dios...

Medita en estos aspectos de la vida de María. Quizá puedas incluso dedicar tiempo a repasar algunas de nuestras lecciones anteriores. Después, comenta lo que te llama la atención acerca de la vida cotidiana de María, y de sus desafíos en cada etapa.

1. *María, la jovencita*. Recuerda que los eruditos nos enseñan que María tenía probablemente unos 12 a 14 años cuando la encontramos en el relato bíblico.

2. *María, la esposa*.

3. *María, la joven madre de Jesús*.

4. *María, la ocupada madre de muchos*. Como ya aprendimos, María estaba muy ocupada criando al menos siete hijos.

5. *María, el ama de casa*. Según la *Biblia de aplicación práctica*, la ocupación de María era "ama de casa".[39]

6. *María, la viuda*. La tradición enseña que María experimentó el amargo dolor de la viudez por la pérdida de su esposo, José.

7. *María, la que sufre*. María también sufrió el amargo dolor de la pérdida de un hijo, su Hijo Jesús.

8. *María, la que adora*. María y José se aseguraron de que su familia siguiera los mandatos de Dios concernientes a la adoración.

9. *María, la que ora.* En la última escena en la que vemos a María, la encontramos como una humilde intercesora entre muchos.

De tu corazón...

• Enumera por lo menos diez señales de humildad que puedas recordar de la vida de María.

• Ahora escribe tres cosas que puedas hacer (con la ayuda del Señor) para cultivar un corazón más humilde.

—

—

—

¿Cuándo empezarás, querida? Elige una fecha, traza un plan, y pide a otros que oren por ti.

Cultiva un corazón humilde

Un bien poco frecuente

La humildad no es una máscara que nos ponemos. De hecho, si nos consideramos humildes, es probable que no lo seamos. Y en nuestros días donde abundan las personas que buscan promoverse y afirmarse a sí mismas, las "celebridades de la fe" que son el centro de la atención pública, y en una época en la que se ensalza la carne, esta cualidad tan apreciada por el Señor Jesús es en realidad un bien poco común.

Una persona verdaderamente humilde busca oportunidades para darse libremente a otros en vez de retener, liberar en lugar de acaparar, edificar en vez de destruir, servir en lugar de ser servida, aprender de otros en lugar de pedir a gritos el estrado. Cuán bendecidos son aquellos que aprenden esto desde una edad temprana.[40]

Querida, no dejes pasar un día más. Toma estas valiosas lecciones de la preciosa vida de María, y pide al Señor que te capacite para cultivar un corazón de verdadera humildad en todas las etapas de la vida. Como la Biblia nos recuerda:

> "...y todos, sumisos unos a otros, revestíos de humildad; porque: Dios resiste a los soberbios, y da gracia a los humildes. Humillaos, pues, bajo la poderosa mano de Dios, para que él os exalte cuando fuere tiempo" (1 P. 5:5-6).

Cómo estudiar la Biblia

Jim George, Th.M.

*U*na de las búsquedas más nobles que un hijo de Dios puede emprender es llegar a conocer y entender mejor a Dios. La mejor forma de lograrlo es mirar atentamente el libro que Él ha escrito, la Biblia, que comunica lo que Él es y su plan para la humanidad. Si bien existen diversas maneras como podemos estudiar la Biblia, una de las técnicas más fáciles y eficaces para leer y comprender la Palabra de Dios incluye tres pasos sencillos:

- Primer paso. Observación: *¿Qué dice el pasaje?*

- Segundo paso. Interpretación: *¿Qué significa el pasaje?*

- Tercer paso. Aplicación: *¿Qué haré al respecto de lo que el pasaje dice y significa?*

La observación es el primer y más importante paso en el proceso. Cuando leas el texto bíblico, debes *mirar* con atención lo que dice y cómo lo dice. Busca:

- *Términos, no palabras.* Las palabras pueden tener muchos significados, pero los términos son palabras usadas de manera específica en un contexto específico. (Por ejemplo, la palabra *tronco* podría aplicarse a un árbol o una parte del cuerpo. Sin embargo, cuando lees "ese árbol tiene un tronco muy largo", sabes con exactitud lo que la palabra significa, y eso la convierte en un término).

- *Estructura*. Si buscas en tu Biblia, verás que el texto tiene unidades llamadas *párrafos* (marcados o sangrados). Un párrafo es una unidad completa de pensamiento. Puedes descubrir el contenido del mensaje del autor si observas y comprendes cada párrafo.

- *Énfasis*. La cantidad de espacio o el número de capítulos o versículos dedicados a un tema específico revelará la importancia del mismo (por ejemplo, nota el énfasis de Romanos 9—11 y del Salmo 119).

- *Repetición*. Esta es otra manera en que el autor demuestra que algo es importante. Una lectura de 1 Corintios 13, donde en apenas 13 versículos el autor usa nueve veces la palabra "amor", nos hace saber que el amor es el punto central del texto.

- *Relación entre las ideas*. Presta mucha atención, por ejemplo, a ciertas relaciones que aparecen en el texto:

  —Causa y efecto: "Bien, buen siervo y fiel; sobre poco has sido fiel, sobre mucho te pondré; entra en el gozo de tu señor" (Mt. 25:21).
  —Si y entonces: "si se humillare mi pueblo, sobre el cual mi nombre es invocado, y oraren, y buscaren mi rostro, y se convirtieren de sus malos caminos; entonces yo oiré desde los cielos, y perdonaré sus pecados, y sanaré su tierra" (2 Cr. 7:14).
  —Preguntas y respuestas: "¿Quién es este Rey de gloria? Jehová el fuerte y valiente" (Sal. 24:8).

- *Comparaciones y contrastes*. Por ejemplo: "Oísteis que fue dicho a los antiguos... pero yo os digo..." (Mt. 5:21).

- *Estilos literarios*. La Biblia es literatura, y los tres tipos principales de literatura bíblica son el discurso (las epístolas), la prosa (la historia del Antiguo Testamento), y la poesía (los Salmos). Es muy útil tener en cuenta la forma literaria a la hora de leer e interpretar las Escrituras.

- *Ambiente.* El autor tenía una razón o una carga particular para escribir cada pasaje, capítulo y libro. Asegúrate de captar el ánimo, el tono o la urgencia con la que escribió.

Después de considerar estos aspectos, estarás lista para plantear las preguntas clave:

¿Quién?   ¿Quiénes son las personas que menciona este pasaje?
¿Qué?   ¿Qué sucede en este pasaje?
¿Dónde?   ¿Dónde tiene lugar esta historia?
¿Cuándo?   ¿En qué momento (del día, del año, de la historia) sucede esto?

Formular estas cuatro preguntas clave puede ayudarte a extraer los términos e identificar el ambiente. Las respuestas también te ayudarán a usar tu imaginación para recrear la escena acerca de la cual lees.

Cuando te hagas estas preguntas e imagines el suceso, tal vez surjan nuevas preguntas de tu propia iniciativa. Hacer esas preguntas adicionales para la comprensión facilitará la construcción de un puente entre la observación (el primer paso) y la interpretación (el segundo paso) del proceso de estudio bíblico.

La interpretación es descubrir el significado de un pasaje, la idea o el pensamiento principal del autor. Responder las preguntas que surgen durante la observación te ayudará en el proceso de interpretar. Hay cinco pistas que pueden ayudarte a determinar cuáles son los puntos principales del autor:

- *Contexto.* Cuando lees el texto, puedes responder el 75% de tus preguntas acerca de un pasaje. Cuando se lee un pasaje se observa el contexto inmediato (el versículo anterior y el siguiente) y el más amplio (el párrafo o el capítulo que precede o sigue al pasaje que estudias).

- *Referencias cruzadas.* Deja que las Escrituras se interpreten a sí mismas. Es decir, que otros pasajes bíblicos arrojen luz sobre el pasaje que estudias. Al mismo tiempo, ten cuidado de no dar por sentado que una misma palabra o frase significa lo mismo en dos pasajes diferentes.

- *Cultura.* Puesto que se escribió hace mucho tiempo, debemos entender la Biblia, a la hora de interpretarla, desde el contexto cultural del autor.

- *Conclusión.* Después de responder tus preguntas para comprender el pasaje a través del contexto, de las referencias cruzadas y de la cultura, puedes hacer una declaración preliminar acerca del significado del pasaje. Recuerda que si tu pasaje incluye más de un párrafo, tal vez el autor presente más de un pensamiento o idea.

- *Consulta.* Leer libros como comentarios y obras de eruditos bíblicos puede ayudarte a interpretar las Escrituras.

La aplicación es la razón por la cual estudiamos la Biblia: queremos que nuestra vida cambie, ser obedientes a Dios y ser cada vez más como Jesucristo. Después de haber observado un pasaje, y de haberlo interpretado o entendido lo mejor posible según nuestra capacidad, debemos aplicar su verdad a nuestra propia vida.

Será provechoso que te plantees las siguientes preguntas sobre cada pasaje de las Escrituras que estudias:

- ¿Cómo afecta mi relación con Dios la verdad revelada allí?

- ¿Cómo afecta esta verdad mi relación con otros?

- ¿Cómo me afecta a mí esta verdad?

- ¿Cómo afecta esta verdad mi respuesta al enemigo, Satanás?

El paso de la aplicación no termina simplemente respondiendo estas preguntas. La clave es *poner en práctica* lo que Dios te ha enseñado a través de tu estudio. Aunque en un determinado momento podrías no aplicar de manera consciente *todo* lo que has aprendido en el estudio bíblico, sí puedes aplicar *algo*. Y, como hemos visto, cuando te propones aplicar una verdad a tu vida, Dios bendecirá tus esfuerzos transformándote en la semejanza de Jesucristo.

Materiales bíblicos de utilidad:

Concordancia: de Tuggy o de Strong.

Diccionario bíblico: de Clie, de Caribe o de Holman.

El mundo que Jesús conoció, Anne Punton.

De qué trata la Biblia, Henrietta C. Mears.

Nuevo manual bíblico Unger, Merrill F. Unger

Auxiliar bíblico Portavoz

Nuevo manual de los usos y costumbres de los tiempos bíblicos, Ralph Gower.

Libros sobre estudio bíblico:

Cómo leer la Biblia, libro por libro, Gordon Fee

La lectura eficaz de la Biblia, Gordon Fee

Cómo interpretar la Biblia uno mismo, Richard Mayhue

Cómo entender e interpretar la Biblia, John Phillips

Cómo dirigir un grupo de estudio bíblico

¡Qué privilegio es dirigir un estudio bíblico! Y qué gozo y emoción te esperan cuando tú escudriñas la Palabra de Dios y ayudas a otros a descubrir sus verdades transformadoras. Si Dios te ha llamado a dirigir un grupo de estudio bíblico, sé que pasarás mucho tiempo en oración, planificando y meditando para ser una líder eficaz. Sé, también, que si dedicas tiempo a leer las sugerencias que te doy podrás enfrentar mejor los desafíos que implica dirigir un grupo de estudio bíblico, y disfrutar del esfuerzo y de la oportunidad.

Las funciones de la líder

En el transcurso de una sesión descubrirás que tu papel como líder de un grupo de estudio bíblico va cambiando entre las funciones de *experta, animadora, amiga,* y *árbitro*.

Puesto que eres la líder, los miembros del grupo verán en ti la *experta* que las guía en el estudio del material, y por eso debes estar bien preparada. De hecho, prepárate más de lo que se espera, con el fin de que conozcas el material mejor que todos los miembros del grupo. Empieza tu estudio a comienzos de la semana y deja que su mensaje penetre durante toda la semana. (Incluso podrías trabajar varias lecciones por anticipado, para tener en mente el cuadro completo y el enfoque general del estudio). Prepárate para comunicar otras verdades preciosas que las participantes de tu grupo quizás no hayan descubierto por sí mismas. Una meditación adicional que surge de tu estudio personal, un comentario de un sabio maestro o erudito bíblico, un dicho inteligente, una observación aguda de otro creyente, e incluso una broma apropiada, añadirán diversión y evitarán que el estudio bíblico se vuelva rutinario, monótono y árido.

En segundo lugar, debes estar preparada para ser la *animadora* del grupo. Tu energía y entusiasmo hacia la tarea propuesta pueden servir de inspiración. También pueden animar a otras a consagrarse más a su estudio personal y participar en el grupo de estudio.

Tercero, debes ser la *amiga*, aquella que demuestra un interés sincero por los miembros del grupo. Tú eres la persona que creará el ambiente del grupo. Si tú ríes y te diviertes, las participantes también reirán y se divertirán. Si abrazas, ellas abrazarán. Si te interesas, ellas se interesarán. Si compartes, ellas compartirán. Si amas, ellas amarán. Por consiguiente, ora cada día para amar a las mujeres que Dios ha puesto en tu grupo. Pídele que te muestre cómo amarlas con su amor.

Por último, como líder, tendrás que ser *árbitro* en algunas ocasiones. Eso significa que debes cerciorarte de que todas tengan la misma oportunidad de hablar. Es más fácil hacerlo cuando funcionas bajo la suposición de que cada participante tiene un aporte valioso. Confía entonces en lo que el Señor ha enseñado a cada persona durante la semana, y actúa conforme a ese supuesto.

Experta, animadora, amiga, y árbitro son las cuatro funciones de la líder que podrían hacer ver la tarea como algo abrumador. Pero eso no está mal, si es lo que te mantiene de rodillas orando por tu grupo.

Un buen comienzo

Empezar a tiempo, saludar con entusiasmo a cada persona, y empezar con una oración constituyen un buen principio para el estudio bíblico. Ten presente lo que quieres que ocurra durante la reunión y cerciórate de que se cumplan los objetivos. Ese tipo de orden hace que las participantes se sientan cómodas.

Establece un formato y comunícalo a los miembros del grupo. A las personas les agrada participar en un estudio bíblico que se centra en la Palabra. Procura entonces que la discusión se centre en el tema y anima al grupo a continuar con las preguntas del estudio. Con frecuencia, es difícil evitar desviarse del tema, y aún más difícil controlar la discusión. Por consiguiente, asegúrate de centrarte en las respuestas a las preguntas acerca del pasaje específico. Después de todo, el propósito del grupo es el estudio de la Biblia.

Para terminar, como alguien comentó con acierto: "El crecimiento personal es uno de los resultados de todo grupo pequeño que funciona bien. Este crecimiento se logra cuando las personas reciben el reconocimiento y la aceptación de los demás. Cuanto más respeto, simpatía, confianza mutua y calidez se expresen, más probable será que cada miembro se esfuerce por lograr las metas del grupo. El líder eficaz procurará reforzar los rasgos deseables" (fuente desconocida).

Doce ideas útiles

Esta es una lista de sugerencias útiles para dirigir un grupo de estudio bíblico:

1. Llega temprano, lista para centrarte por completo en los demás y dar de ti misma. Si tienes que hacer algún preparativo, revisión, reagrupamiento, o una oración de último minuto, hazlo en el auto. No entres de prisa, sin aliento, apurada, tarde, ajustando aún tus planes.

2. Revisa con anticipación el lugar de la reunión. ¿Tienes todo lo necesario... mesas, suficientes sillas, un tablero, himnarios si piensas cantar, café, etcétera?

3. Saluda calurosamente a cada persona por nombre a medida que llega. Después de todo, has orado durante toda la semana por estas mujeres, y cada persona especial debe saber que te alegras de su llegada.

4. Al menos durante las dos o tres primeras reuniones, usa etiquetas con los nombres de las participantes.

5. Empieza a tiempo sin importar lo que pase, ¡incluso si solo ha llegado una persona!

6. Piensa en una declaración de inicio agradable pero firme. Podrías decir: "¡Esta lección fue grandiosa! Empecemos de una vez para que podamos disfrutar todo su contenido!" o "Vamos a orar antes de comenzar nuestra lección".

7. Lee las preguntas, pero no dudes en reformularlas cuando sea necesario. Por ejemplo, en vez de leer un párrafo completo de instrucciones, podrías decir: "La pregunta 1 nos pide mencionar algunas formas en las que Cristo demostró humildad. Margarita, por favor cita una de ellas".

8. Resume o parafrasea las respuestas dadas. Hacerlo mantendrá la discusión centrada en el tema, eliminará las desviaciones del tema, ayudará a evitar o aclarar cualquier malentendido del texto, y a mantener a cada participante atenta a lo que dicen las demás.

9. No te detengas y no añadas tus propias preguntas al tiempo de estudio. Es importante completar las preguntas de la guía del estudio. Si se requiere una respuesta concreta, entonces no tendrás que hacer otro comentario aparte de decir "gracias". Sin embargo, cuando la pregunta pide una opinión o una aplicación (por ejemplo, ¿cómo puede esta verdad ayudar a nuestro matrimonio? O ¿cómo sacas tiempo para tu tiempo devocional?), permite que participen cuantas lo deseen.

10. Anima a cada persona que participa, en especial si el aporte es de carácter personal, difícil de decir, o si viene de una persona muy callada. Haz que todas las que participan se sientan como heroínas, con comentarios como: "Gracias por contarnos de tu experiencia personal", o "Apreciamos mucho lo que Dios te ha enseñado. Gracias por hacernos partícipes de ello".

11. Está atenta a tu reloj, ubica un reloj frente a ti, o considera el uso de un temporizador. Organiza la discusión de tal forma que cumplas con el tiempo que has establecido, en especial si quieres dedicar un tiempo para orar. Detente a la hora señalada incluso si no has terminado la lección. Recuerda que todas han estudiado ya la lección, y que se trata de un repaso.

12. Termina a tiempo. Solo puedes hacer amigas en tu grupo de estudio si terminas a tiempo, e incluso antes. Además, las participantes de tu grupo también tienen actividades programadas

en su agenda y que deben atender: recoger a los niños de la guardería, de la escuela o de la niñera; volver a casa para atender asuntos allí; hacer diligencias; acostarse; o pasar tiempo con sus esposos. ¡Déjalas ir *a tiempo*!

Cinco problemas comunes

En cualquier grupo puedes esperar algunos problemas. A continuación encontrarás algunos de los más comunes que pueden surgir, y también algunas soluciones prácticas:

1. *La lección incompleta*. Desde el comienzo establece la norma de que si alguien no ha estudiado la lección, es preferible que no conteste las preguntas en el grupo. Sin embargo, intenta incluir sus respuestas a preguntas sobre opiniones o experiencias. Todas pueden aportar ideas como respuesta a puntos como: "Reflexiona en tus conocimientos acerca del entrenamiento deportivo y espiritual, y luego comenta lo que consideras que son los elementos esenciales para entrenarse en piedad".

2. *El chisme*. La Biblia dice con claridad que el chisme es malo, así que no desearás permitir esto en tu grupo. Establece una norma elevada y estricta diciendo: "No me siento cómoda con esta conversación" o "Señoras, estamos [no *estás*] chismeando. Sigamos con la lección".

3. *La participante habladora*. Estos son tres escenarios y algunas posibles soluciones para cada uno:

   a. La participante que causa el problema tal vez hable porque ha hecho su tarea y está emocionada por algo que desea comunicar. Quizá también sepa más acerca del tema que las demás y, si le prohíbes hablar, el grupo se perjudicaría.

   SOLUCIÓN: Responde diciendo algo como "Sara, haces aportes muy valiosos al grupo. Veamos si podemos escuchar lo que las demás piensan al respecto", o "Sé que Sara puede responder esto, porque ha hecho su tarea a consciencia. ¿Qué tal si otras nos cuentan acerca de su estudio?"

b. La participante podría mostrarse habladora porque *no* ha hecho su tarea y quiere aportar a la discusión, pero carece de límites.

SOLUCIÓN: Desde la primera reunión, fija la norma de que quienes no han realizado su lección no podrán hacer comentarios, excepto en preguntas de opinión o aplicación. Tal vez sea preciso recordar esta norma al principio de cada sesión.

c. La participante habladora quizá desee ser oída a pesar de no tener siempre algo que vale la pena aportar.

SOLUCIÓN: Después de varios recordatorios sutiles, habla de manera más directa: "Betty, sé que te gustaría comentar tus ideas, pero demos a otras la oportunidad de hacerlo. Me gustaría oírte más adelante".

4. *La participante callada.* Estos son dos escenarios y sus posibles soluciones:

a. La participante callada quiere aportar pero de alguna forma no logra encontrar la ocasión para hablar.

SOLUCIÓN: Ayuda a la participante callada prestando atención a las señales que manifiesta cada vez que desea hablar (moverse al borde de su silla, expresar algo con su mirada, empezar a decir algo, etcétera), y luego podrías decir: "Un momento. Creo que Mariana quiere decir algo". ¡Y no olvides hacerla sentir después como una heroína!

b. La participante callada simplemente no quiere participar.

SOLUCIÓN: "Mariana, ¿qué respuesta tienes para la pregunta 2?" o "¿Qué piensas acerca de...?" Por lo general, cuando una persona tímida ha hablado unas pocas veces, se sentirá más confiada y dispuesta a seguir haciéndolo. Tu función es proveer la oportunidad *sin* riesgos de respuestas equivocadas. Sin embargo, en algunas ocasiones habrá una participante que te diga que en realidad prefiere no intervenir. Respeta su posición, pero de vez en cuando pregúntale en privado si se siente lista para aportar a las discusiones del grupo.

De hecho, brinda total libertad a las participantes de aportar o no. En la primera reunión, explica que si alguna prefiere no exponer su respuesta, puede decir "paso" en cualquier momento. Sería útil repetir esta norma al principio de cada sesión grupal.

5. *La respuesta equivocada.* Nunca digas a una participante que su respuesta es errónea, pero tampoco permitas que una respuesta equivocada se pase por alto.

SOLUCIÓN: Pregunta si alguien más tiene una respuesta diferente, o formula preguntas adicionales que hagan surgir la respuesta correcta. A medida que las participantes se acercan a ella, puedes decir: "Nos estamos acercando. Sigamos pensando, casi hemos encontrado la respuesta".

Aprender de la experiencia

Tan pronto como finaliza cada sesión de estudio bíblico, evalúa el tiempo de discusión grupal con esta lista de control. Tal vez también quieras que un miembro del grupo (o un asistente, un aprendiz, o un observador externo) te evalúe de manera periódica.

Que Dios te fortalezca y aliente en tu servicio a otros para que descubran las abundantes y maravillosas verdades que Él ofrece.

Notas

1. Tomado de Elizabeth George. *Una mujer conforme al corazón de Dios®* (Unilit, 2001), pp. 24-29, del original en inglés.

2. Elizabeth George, *Ama a Dios con toda tu mente* (Grand Rapids: Portavoz, 1996).

3. M. R. DeHaan y Henry G. Bosch, *Our Daily Bread* [Nuestro pan diario] (Grand Rapids, MI: Zondervan Publishing House, 1982), noviembre 3.

4. Herbert Lockyer, *All the Women of the Bible* [Las mujeres de la Biblia], (Grand Rapids, MI: Zondervan Publishing House, 1975), p. 50.

5. Frank S. Mead. *12,000 Religious Quotations* [12.000 citas religiosas], cita de Harry Ward Beecher (Grand Rapids, MI: Baker Book House, 1989), p. 267.

6. Paul N. Benware, *Luke, The Gospel of the Son of Man* [Lucas, el evangelio del Hijo del hombre] (Chicago: Moody Press, 1985), p. 29.

7. Charles R. Swindoll, *Sabiduría para el camino* (Nelson: 2008), p. 96 del original en inglés.

8. J. Oswald Sanders, citado en Charles R. Swindoll, *The Tale of the Tardy Oxcart* [El cuento de la carreta lenta] (Nashville: Word Publishing, 1998), p. 279.

9. Roy B. Zuck. *The Speaker's Quote Book* [Libro de citas del orador], cita de Bernard de Clairvaux (Grand Rapids, MI: Kregel Publications, 1997), p. 203.

10. Gien Karssen, *Her Name Is Woman* [Su nombre es mujer] (Colorado Springs: NavPress, 1975), p. 131.

11. *Life Application Bible Commentary—Luke* [Biblia de aplicación práctica: Lucas], (Wheaton, IL: Tyndale House Publishers, Inc., 1997), p. 41.

12. Benware, *Luke, The Gospel of the Son of Man* [Lucas, el evangelio del Hijo del hombre], p. 35.

13. D. L. Moody, *Notes from My Bible and Thoughts from My Library* [Apuntes de mi Biblia y reflexiones de mi biblioteca] (Grand Rapids, MI: Baker Book House, 1979), p. 119.

14. Zuck, *The Speaker's Quote Book* [Libro de citas del orador], cita de Vance Havner, p. 268.

15. Merrill F. Unger, *Unger's Bible Dictionary* [Diccionario bíblico Unger] (Chicago, Moody Press, 1980), p. 890.

16. John F. MacArthur, *The MacArthur New Testament Commentary—Matthew 1-7* [Comentario MacArthur del Nuevo Testamento: Mateo 1—7] (Chicago: Moody Press, 1985), p. 28.

17. *Life Application Bible Commentary—Matthew* [Biblia de aplicación práctica: Mateo] (Wheaton, IL: Tyndale House Publishers, Inc., 1997), p. 25.

18. Ibid., p. 30.

19. Benware, *Luke, The Gospel of the Son of Man* [Lucas, el evangelio del Hijo del hombre], p. 36.

20. Ibid., p. 37.

21. Jamieson, Robert, A.R. Fausset, y David Brown. *Commentary on the Whole Bible* [Comentario de toda la Biblia] (Grand Rapids, MI: Zondervan Publishing House, 1973), p. 994.

22. Zuck, *The Speaker's Quote Book* [Libro de citas del orador], cita de Andrew Murray, p. 203.

23. William Hendricksen, *Exposition of the Gospel According to Luke* [Exposición del Evangelio según Lucas] (Grand Rapids, MI: Baker Book House, 1978), p. 185.

24. Zuck, *The Speaker's Quote Book* [Libro de citas del orador], cita de Andrew Murray, p. 204.

25. Ibid., cita de *The Reader's Digest*, p. 263.

26. *Life Application Bible Commentary—Luke* [Comentario de la Biblia de aplicación práctica: Lucas], p. 207.

27. John Oxenham.

28. G. Coleman Luck, Luke, *The Gospel of the Son of Man* [Lucas, el evangelio del Hijo del hombre], cita de J. C. Ryle (Chicago: Moody Press, 1970), p. 88.

29. Benware, *Luke, The Gospel of the Son of Man* [Lucas, el evangelio del Hijo del hombre], p. 94.

30. *God's Treasury of Virtues* [Tesoro de virtudes de Dios], cita de John M. Drescher (Tulsa, OK: Honor Books, 1995), p. 267.

31. Jamieson, Fausset, y Brown. *Commentary on the Whole Bible* [Comentario de toda la Biblia], p. 1073.

32. Hendricksen, *Exposition of the Gospel According to Luke* [Exposición del Evangelio según Lucas], p. 171.

33. William Bradbury y Joseph Gilmore, "He Leadeth Me" [Él me guía].

34. Sid Buzzell, editor general, *The Leadership Bible* [La Biblia del liderazgo] (Grand Rapids, MI: Zondervan Publishing House, 1998), p. 1195.

35. Charles F. Pfeiffer y Everett F. Harrison, eds. *Comentario bíblico Moody*. Grand Rapids: Editorial Portavoz, 1993, p. 1125, del original en inglés.

36. DeHaan y Bosch, *Our Daily Bread* [Nuestro pan diario], cita de C. F. Warren, septiembre 20.

37. Lockyer, *All the Women of the Bible* [Las mujeres de la Biblia], p. 92.

38. Buzzell, *The Leadership Bible* [La Biblia del liderazgo], p. 1195.

39. *The Life Application Bible* [Biblia de aplicación práctica] (Wheaton, IL: Tyndale House Publishers, Inc., 1988), p. 1471.

40. Swindoll, *Sabiduría para el camino* (Nelson: 2008), p. 150, del original en inglés.

Bibliografía

Benware, Paul N. *Lucas: El Evangelio del Hijo del hombre* (Grand Rapids: Portavoz, 1995).

Earle, Ralph. *Marcos: El Evangelio de acción* (Grand Rapids: Portavoz, 1996).

MacArthur, John F. *Biblia de estudio de MacArthur* (Grand Rapids: Editorial Portavoz, 2005).

Pfeiffer, Charles F., y Everett F. Harrison, eds. *Comentario bíblico Moody* (Grand Rapids: Editorial Portavoz, 1993).

Priddy, Eunice Faith. *Extraordinarias mujeres de la Biblia* (Grand Rapids: Portavoz, 2003).

Robertson, Arthur. *Mateo* (Grand Rapids: Portavoz, 1994).

Trenchard, Ernesto H. *Introducción a los cuatro Evangelios* (Grand Rapids: Portavoz, 1999).

Vandervelde, Frances. *Mujeres de la Biblia* (Grand Rapids: Portavoz, 1990).